Colombia mar

Colombia mar

Isidro Jaramillo Sanint

PANAMERICANA
EDITORIAL

Editor
Panamericana Editorial Ltda.

Dirección editorial
Conrado Zuluaga

Edición
Mireya Fonseca Leal

Ilustraciones
Jorge Iglesias

Mapas
Marco Robayo

Fotografías
Juan Guillermo Montañés
[3, 81-103, 109-115, 119-133, 135-144, 146-158, 160-166, 170-175]
Andrés Sierra
[76, 79, 104, 105, 106, 107, 108,116-117, 145, 159 y cubierta]
Jacques Boyer
[16, 23, 34/35]
Ramón Giovanni
[26-27]
Germán Puerta
[25]

Preparación de recetas para fotografías
Clara Inés de Arango
[82-83, 88-91, 95-96, 98-99, 102,109-111, 114-115, 119 abajo, 120, 122-123, 125, 128-129, 134-135, 137, 140-141, 149, 152-153, 156-158, 161-166]

Jaramillo Sanint, Isidro
    Colombia mar / Isidro Jaramillo Sanint ; ilustraciones Jorge Iglesias ; Mapas Marco Robayo ; fotografías Juan Guillermo Montañés, Andrés Sierra. — Bogotá : Panamericana Editorial, 2008.
    180 p. : il., mapas, fot. ; 24 cm.
    ISBN 978-958-30-2767-3
    1. Pescado (Cocina) 2. Frutos del mar (Cocina) 3. Pesca - Colombia 4. Pesca - Técnicas 5. Productos pesqueros I. Iglesias, Jorge, il. II. Robayo, Marco, mapas III. Montañés, Juan Guillermo, fot. IV. Sierra, Andrés, fot. V. Tít.
    641.392 cd 21 ed.
    A1150495
        CEP-Banco de la República-Biblioteca Luis Ángel Arango

Primera edición en Panamericana Editorial Ltda., julio de 2008
Primera edición en Editorial Gourmet Marino EE. UU., 2005

© Isidro Jaramillo Sanint
© Panamericana Editorial Ltda.
Calle 12 No. 34-20, Tels.: 3603077 - 2770100
Fax: (57 1) 2373805
Correo electrónico: panaedit@panamericana.com.co
www.panamericanaeditorial.com
Bogotá D. C., Colombia

ISBN 978-958-30-2767-3

Impreso por Panamericana Formas e Impresos S. A.
Calle 65 No. 95-28, Tels.: 4302110 - 4300355, Fax: (57 1) 2763008
Bogotá D. C., Colombia
Quien sólo actúa como impresor.

Impreso en Colombia   Printed in Colombia

Recetas y rutas gastronómicas

Agradecimientos muy especiales

Casa Luker/ VIKINGO'S *gracias a su patrocinio fue posible la realización de esta obra.*

Horacio Rodríguez, *quien durante numerosas horas me acompañó a revisar aspectos de historia y biología.*

A la empresa Atunec S.A. y a Álvaro Navarro *por su valiosa información sobre lo concerniente al atún y a la industria conservera.*

Eduardo Ruiz P., *compañero en los viajes de investigación.*

Walwin G. Peterson, *historiador de la isla de San Andrés.*

Felipe Hollman

Armando Basmagui

Julián Botero de los Ríos

Colaboraciones y agradecimientos

Teresita Román de Zurek

Liliana Villegas

Carlos Vieira

Rafael Vieira

Guillo Basmagui

Armando Benítez

Fernando Torres

Sergio Londoño

Santiago Jaramillo

Gissela Mora

Octavio Estrada

Víctor Raúl Aya

Dubián Salazar

Guillermo Rodríguez

Víctor Raúl Aya

Ana María Borrero

Yuri Hollman

Carlos Arturo Ángel

Agradecimientos muy especiales a los siguientes pescadores y ribereños por la valiosa información que aportaron

Blanca Cecilia González

Abel Gutiérrez

Hilder Fernández

Santander Caraballo

Marta Romo

Juan Escorcia Sandoval

Marcial Carmona

Rusbel Giraldo

Alejandro Valiente

Wilfredo Carmona

Enrique Medrano

Marceliano Donado

Pablo Valiente

Roberto Carlos Castillo

Alfredo Berrio

Walberto Berrio

Napoleón González

Pedro Morillo

Domingo Hernández

Carlos Arturo Hernández

Pedro Ladeus

Luis Alberto Villegas

Perfecto Chiquillo

Dagoberto Altamirando

Agustín Flores

Francisco Morales

Ausberto Villero (*choli*)

Wilber Hooker

Robert James

Jaime Antonio Gordon

Kissinger Dawkins

Jack Downs

Jefferson Monsalve

Reinaldo Robinson

Antonio Archibol

CONTENIDO

PRÓLOGO

Colombia mar trata sobre un vasto mundo de geografía, historia, costumbres, productos y preparaciones. Para registrarlo, serían necesarios varios tomos, luego de profundas disquisiciones en todas las materias.

Este libro sólo abre un postigo al mar, una pequeña ventana de la ventana, que nos muestra un mundo tan grande como el que tenemos por detrás. A su vez, es un tiquete de viaje que acerca a la Colombia andina, con la Colombia del mar, de la pesca.

Los dos litorales, extensos y con numerosas islas, cuentan con una febril actividad de pesca artesanal, especialmente durante 9 meses del año. Al hablar con los pescadores, se encuentra que en cada playa hay particularidades que la hacen diferente, incluso de las contiguas. Siempre hay un rasgo que cambia: los artes de pesca, los productos, la hora de salida o regreso, la forma de consumirlos... Los pescadores son muy territoriales y hacen respetar su terruño y su pedazo de mar. Son gente amable, abierta y jovial. El recurso se agota, trabajan duro para conseguir el sustento y producir excedentes. Casi todos están llenos de necesidades y requieren de un apoyo del gobierno central y de las municipalidades, que nunca les llega.

Las poblaciones pesqueras consumen a diario, y durante todo el año, los frutos de la cosecha, generalmente los más económicos y los más abundantes. Gustan mucho de los de carne oscura (azules) que, aunque no lo sepan, son los más alimenticios (omega 3). Frito, el más trasegado. No obstante, algunas regiones cuentan con preparaciones originales y más elaboradas. El coco es muy frecuente en los cocidos y mínimo en el arroz.

Permite asomarse, también, a la manera como actualmente se están preparando los pescados de mar en las cocinas colombianas. Recoge algunas recetas tradicionales, del hogar, principalmente cercanas a los sitios de pesca. Además, contiene una muestra representativa de la cocina de restaurantes, de distintas culturas, de las principales ciudades del país. Es así como aparecen preparaciones del Pacífico, caribeñas, antillanas, portuguesas, francesas, italianas, españolas, japonesas y tailandesas.

ISIDRO JARAMILLO SANINT

LA MAR COLOMBIANA

En el título adoptamos el artículo femenino, indiferente de si idiomáticamente es más puro o no, porque su sonido nos trae la pasión con que vivió el «efecto del mar» uno de los grandes escritores norteamericanos, Ernest Hemingway a quien esa intensidad lo llevó a decir que prefería decir «la mar» a el mar, porque lo amaba tanto como a una mujer.

Esta misma emoción es la que encontramos en *Colombia mar*, la obra de Isidro Jaramillo, quien se revela tanto como un profundo conocedor de la cocina y riqueza ictiológica de los océanos que bañan a Colombia, como un sensible e impresionado espectador sobre los pueblos, costumbres y tradiciones de las comunidades costeras nacionales. En su emocionada transferencia al lector, Isidro logra que este capte la plena fecundidad de una mar inagotable en sus frutos de pesca, colores e infinita belleza.

Casa Luker y su marca Vikingo´s, en una fiel expresión de su eslogan comercial, «Conocemos el mar», está presente en este libro porque su esencia hace inevitable el apoyo que hemos querido brindar a un texto que enriquece no sólo las letras nacionales, sino que difunde conocimiento sobre las incontables especies que abundan en nuestros mares Pacifico, Atlántico, y nuestras islas San Andrés, Providencia y Santa Catalina. Una de ellas el atún, producto bandera de nuestra marca y sobre la que trabajamos con ahínco culinario, como respuesta de una empresa comprometida no sólo con sus clientes y consumidores, sino con el aprovechamiento de tan exquisito regalo que la naturaleza nos hizo en las costas del Pacífico colombiano.

Colombia mar, es historia, crónica, riqueza pesquera, secretos de la más exquisita preparación culinaria artesanal e internacional, fritos, guisados y sopas a base de las ricas y variadas especies de nuestra fauna marina, trucos ancestrales del mejor sabor, medios y métodos del hombre para explotar el mar, cayucos, canoas, atarrayas, chinchorros y trasmallos, tras los cuales emergen las poblaciones pesqueras de Colombia, como si salieran de las profundidades marinas, en oscuridades nocturnas como en la época de oscurana (noches sin luna) y en días pletóricos de pesca de atunes, langosta, pargo, mojarra, caracol, chipi-chipi, cangrejo negro, ostra perlífera, pala ronco, caracol copei, sierra de castilla y sierra caribe como testimonio patrimonial de nuestros mares y que en la obra de Isidro Jaramillo, no sólo es narrado con incitante provocación, sino que se convierte en valiosa y necesaria consulta.

CASA LUKER

10

Introducción
LA PESCA MARÍTIMA EN COLOMBIA

Es importante tener en cuenta que, a pesar de poseer costas en dos mares, por ser un país tropical Colombia cuenta con una gran variedad de recursos, pero en poca cantidad. Esto indica que, comparados con otros países de la región como Ecuador, Perú y Chile, no somos ricos en productos pesqueros.

PACÍFICO

La actividad pesquera en Colombia se inició en el litoral Pacífico a partir de 1950, con la pesca del camarón blanco o "langostino". Embarcaciones de bandera extranjera, provenientes de Panamá, realizaban sus faenas de pesca en nuestro mar y procedían a descargar el producto en ese país, debido a que los puertos de Buenaventura y Tumaco no contaban con la infraestructura adecuada para el proceso, transporte y comercialización.

En 1954 se instalaron las primeras plantas de proceso en Buenaventura y comenzó el desarrollo de la actividad camaronera en ese litoral. Las capturas promedio por embarcación, durante cerca de 15 años, por faena de pesca alcanzaban entre las 5.000 y las 8.000 libras, constituyéndose, junto con la explotación de la madera, en las principales actividades económicas de la zona.

Debido a la falta de control adecuado en el esfuerzo pesquero, a partir de 1968 el recurso comenzó a dar evidencias de haber llegado a su máximo rendimiento sostenible, ya que las capturas comenzaron a descender y las tallas promedio a reducirse.

En 1980 se inició el aprovechamiento del camarón de aguas profundas, que ha servido de base para el desarrollo y consolidación de una nueva actividad pesquera, conquistando nuevos mercados, en especial los de la Unión Europea.

Paralelamente al aprovechamiento de las diferentes especies de camarón, se han venido desarrollando actividades de pesca blanca por parte de los pescadores artesanales, así como una pesca semiindustrial con embarcaciones de madera construidas en la costa Pacífica, y destinadas principalmente a la captura de pargos, chernas, merluzas, corvinas y meros, entre otros. Cabe destacar que el total de esa producción se comercializa en los mercados locales y en el ámbito nacional.

La actividad que más desarrollo ha tenido a partir de 1984 es la industria del atún, principalmente del aleta amarilla y el barrilete, porque la mayor producción de estas especies se concentra tanto en nuestras aguas jurisdiccionales como en las internacionales del océano Pacífico.

CARIBE

La actividad pesquera industrial se inició a partir de 1968 con el aprovechamiento del camarón, destinado a la exportación en el 90%. A diferencia del litoral Pacífico, este recurso ha sido capturado enteramente por la flota pesquera industrial, y su manejo se ha controlado y conservado mejor, tanto por las autoridades competentes como por los armadores.

En la actualidad, la extracción ha llegado a su máximo rendimiento sostenible, el número de embarcaciones que tienen acceso a esta pesquería se ha congelado, obteniéndose unos volúmenes de capturas estables, al igual que las diferentes tallas comerciales.

La industria atunera es la que mayor impacto ha producido en el sector pesquero, con la construcción de 4 plantas procesadoras y de servicio a las embarcaciones en Cartagena y Barranquilla. Adicionalmente, genera empleo directo e indirecto, tanto en los barcos como en las plantas y actividades conexas Los volúmenes de pesca fluctúan anualmente entre 50.000 y 55.000 toneladas métricas, que se convierten en alrededor de 22.000 toneladas de lomos de atún para exportación, sobre todo a países de la Unión Europea.

La actividad de pesca blanca es más reducida; su base principal está en Taganga, en el departamento del Magdalena, y en otras pequeñas comunidades asentadas en los municipios costeros del mar Caribe colombiano.

En el departamento de La Guajira y en el golfo de Morrosquillo, los pescadores artesanales aprovechan la langosta y el caracol de pala.

En el departamento archipiélago de San Andrés, Providencia y Santa Catalina, la principal actividad de pesca industrial y artesanal es el aprovechamiento de la langosta espinosa y el caracol de pala destinados, casi en su totalidad, a los mercados de Estados Unidos y Japón.

Dado que esta pesca es compartida con otros países de la región como Nicaragua, Honduras y Jamaica, la actividad pesquera no ha sido controlada y ha traído como consecuencia una disminución considerable en el recurso.

En el caso del caracol de pala, que se encuentra en vías de extinción, las autoridades internacionales lo han clasificado en el apéndice II, prohibiéndose la pesca industrial y su posterior comercialización. Para la langosta espinosa se ha establecido una veda de 3 meses al año, con el fin de garantizar el aprovechamiento sostenible de 200 toneladas anuales.

ALEJANDRO LONDOÑO G.
Biólogo marino y director de Apropesca

PRIMERA PARTE

La pesca y sus regiones

Ciénaga de la Caimanera. Sucre

14

ESTA SECCIÓN contempla diferentes aspectos de la pesca artesanal, de los litorales Pacífico y Caribe, y del archipiélago de San Andrés y Providencia. De manera sucinta se destacan algunos rasgos físicos, históricos y culturales, y se relacionan las principales poblaciones pesqueras, describiendo las formas de obtener el recurso, los productos, y la manera de conservarlos y distribuirlos.

El archipiélago cuenta con una historia singular y ésta se presenta hasta 1822, cuando se anexa voluntariamente a la Gran Colombia.

Los mares tropicales y el mangle

En los mares tropicales, los manglares tienen gran importancia ecológica y productiva. Estos ecosistemas presentan una de las más altas productividades biológicas del planeta. Se estima que más de la mitad de las poblaciones de peces y mariscos en el mundo depende de las áreas de manglar. Sus raíces, en forma de zanco, entran en el agua y sirven a numerosos peces, moluscos y crustáceos como refugio y protección de sus predadores. Además, capturan alimento que luego se exporta hacia el mar abierto cuando son consumidos, o cuando ya adultos van a vivir al arrecife de coral, al mar abierto o en las praderas de pastos marinos de la plataforma continental.

En la pesca artesanal no hay épocas críticas, sino factores que marcan una mayor o menor productividad, de acuerdo con el comportamiento de las mareas, la Luna, las lluvias, etc.

EL LITORAL PACÍFICO

El Pacífico colombiano es más rico en recursos pesqueros que el Caribe, entre otras razones por tener aguas más ricas en nutrientes, provenientes de los ríos y del manglar. Sin embargo, por su clima hostil y malsano, cuenta con baja densidad de

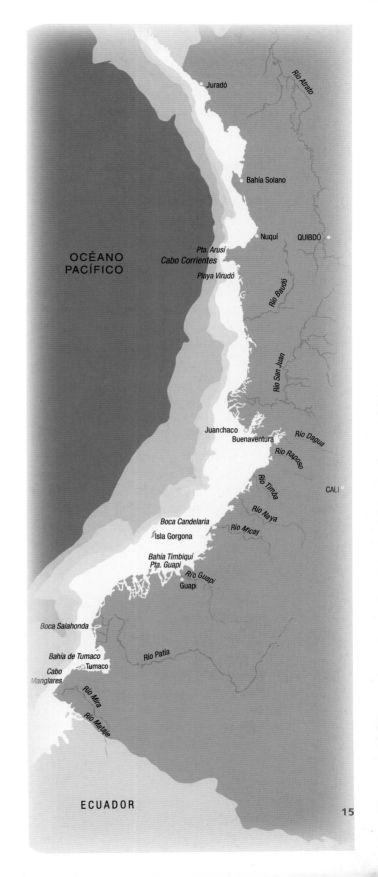

15

población y con una precaria infraestructura de comunicaciones, tanto terrestres como aéreas.

A lo largo del litoral, el acopio, proceso y distribución de la producción pesquera se concentra en pocas poblaciones, como son Buenaventura, Tumaco, Guapi y Ciudad Mutis (Bahía Solano).

Geografía y ecología

El Pacífico colombiano tiene 1. 300 km de litoral, e incluye la zona comprendida entre las fronteras marítimas con Costa Rica, Panamá y Ecuador, y desde la línea de costa hasta el límite exterior de la zona económica exclusiva que genera la isla de Malpelo.

Los numerosos ríos que desembocan en este litoral son, en general, cortos y muy caudalosos. De norte a sur, los más importantes son el Baudó, San Juan, Dagua, Raposo, Timba, Naya, Micay, Guapi, Patía, Mira y Mataje. Las excepciones son los ríos Patía y San Juan, que tienen más de 200 km de longitud.

La gran cantidad de sedimento aportado por estos ríos se deposita frente a la costa, formando sistemas de barras, de bajos sumergidos, de planos de lodo, playas arenosas y fango-arenosas, propiciando el desarrollo de amplios cinturones de manglar.

En la parte insular cuenta con el archipiélago de Malpelo, las islas de Gorgona, Gorgonilla y el Peñón del Viudo, que son vestigios de la serranía del Baudó. El archipiélago de Malpelo corresponde a la única prolongación emergida del relieve oceánico submarino, con profundidades del orden de los 4. 000 m, y está constituido por la isla de Malpelo y 10 peñascos o islotes aislados.

El litoral del Pacífico colombiano puede dividirse en dos sectores: desde Cabo Corrientes hacia el norte, donde la costa se compone de acantilados originados en las estribaciones de la serranía del Baudó, y desde Cabo Corrientes hacia el sur, donde se extiende una gran llanura costera influenciada por una amplia acción mareal (más de 4 m de altura), con grandes aportes de aguas dulces y sedimentos.

Mareas

Los pescadores trabajan al ritmo de las mareas. Cada dos semanas, cuando se alinean el Sol, la Luna y la Tierra, se ejerce una fuerte atracción sobre todos los cuerpos de nuestro planeta. En los mares se generan ondas de agua que van en aumento en cada marea alta: la puja. Cada dos semanas, los astros anulan mutuamente sus fuerzas, y el nivel de las aguas alcanza un punto medio: la quiebra. Entre puja y puja: quiebra. Entre quiebra y quiebra: puja.

Historia y poblamiento

El registro del primer aprovechamiento de los manglares en la costa Pacífica colombiana por parte del hombre, data de la llamada etapa sedentaria (7000 a. C. -1000 a. C.). Es probable que, con anterioridad, el hombre del lítico haya aprovechado también los recursos de manglar.

Los procesos de sedenterización en Colombia están asociados a áreas costeras donde era posible colectar fácilmente una alimentación rica en proteína derivada de los moluscos. Debido a sus definidas pautas alimentarias, los hombres de esta época han sido denominados "habitantes de los concheros".

El poblamiento de la región Pacífica se puede explicar en dos grandes etapas (Aprile-Gniset):

La conquista: desde fines del siglo XVII hasta mediados del XIX, con la abolición de la esclavitud en 1851. La costa Pacífica fue reseñada como una zona rica en oro y platino, y se caracterizó por la existencia de una baja población indígena y por el establecimiento de unas bases de economía extractiva.

Los aborígenes de la región opusieron resistencia y fueron diezmados y objeto de saqueo. Para reforzar la labor de explotación aborigen, los españoles introdujeron mano de obra africana, en un proceso iniciado a finales del siglo XVI.

La colonización: una etapa de poblamiento de la región Pacífica que se inicia a mediados del siglo XIX y continúa hasta mediados del XX. Se caracteriza por ser una empresa de colonización agraria que concluye con el surgimiento de numerosas colonias agrícolas dispersadas por toda la región.

Esta etapa termina con la generación de excedentes para comercialización y con el surgimiento de centros de acopio a lo largo del litoral, alrededor de Buenaventura, en las riberas del Baudó, en todo el curso de los ríos San Juan y Atrato.

El aniquilamiento de los nativos aborígenes y el incremento de la extracción del oro son unas de las causas principales de la introducción de esclavos africanos, que se ubicaron en distintas zonas, hasta el punto de que en la actualidad

sus descendientes conforman (1) el 90% de la población (negritudes) y sólo el 10% corresponde a los indígenas. Hasta pasadas las guerras de la independencia se promovió el poblamiento de los centros mineros, y a partir de la abolición de la esclavitud se inicia un proceso de desplazamiento desde los centros mineros hacia la selva y el litoral.

Usos y costumbres
Pacífico norte

Los pescadores son fundamentalmente artesanales: ellos mismos llevan su captura a la orilla y la venden a la gente del pueblo; el excedente lo ofrecen en las pesqueras locales.

Cuando hay un acuerdo con un comercializador, el producto va directamente al cuarto frío de éste. Como en todo el Pacífico, el acuerdo está relacionado con el combustible, la embarcación, los motores y aparejos de pesca que el comprador pone a disposición de los pescadores.

A diferencia de los pescadores ubicados en el Pacifico sur, por la alta pluviosidad, la práctica de ahumar y secar el pescado es menos frecuente.

CARACTERÍSTICAS DE LA COSTA PACÍFICA COLOMBIANA

ZONA NORTE	ZONA SUR
Plataforma continental angosta	Plataforma continental ancha
Topografía costera abrupta hasta 1 500 m de altura	Topografía costera plana
Fuertes surgencias de baja intensidad	Surgencias ausentes
Alta precipitación anual (4 000-8 000 mm)	Precipitación anual menor (1 000-4 000 mm)
Desembocan 2 ríos (San Juan y Baudó)	Desembocan 3 grandes ríos y 19 menores
Aguas claras todo el año	Aguas frecuentemente turbias

Fuente: Álvarez, 1993

Cultivo de ostras. Bahía Cispatá, Córdoba

Pacífico sur

En esta vasta región se encuentran numerosas poblaciones que, frente a las playas y en las riberas de los ríos, se dedican a la pesca, principalmente artesanal. Igual que en otras regiones del planeta, es frecuente la conservación del producto seco-salado y ahumado, en especial el toyo y la raya.

Por lo general, la pesca comienza a las 5 a. m. y el regreso se produce antes del atardecer. Es frecuente que las mujeres en la orilla reciban el fruto de la pesca, y que se encarguen de las tareas de procesar, conservar y vender el pescado, con víscera, de contado, casi siempre en la misma población, y el mismo día. Si la pesca fue abundante y quedan excedentes, se retiran las vísceras y los "salpresan". Luego los entregan a los compradores, quienes los llevan a los centros de distribución.

La región Pacífica cuenta con una gastronomía muy viva y variada. El marisco, y sobre todo los pescados, forman parte fundamental del sustento diario. Los más apreciados son el bagre de mar (chivo), el pargo, la corvina, la pelada (corvina pequeña) y la "canchimala", que además se considera muy nutritiva.

Sus preparaciones son comunes en casi todo el litoral. Se destacan, por su arraigo y valor gastronómico, el "sudado", el "seco" de pescado, el "atollado" de pescado, el "ceviche" de piangua, el "encocado" de jaiba y el famoso "triple" que se prepara con toyo, piangua, jaiba, calamar y camarón.

Ahumado

El proceso de ahumado es bastante elemental. Primero arreglan el pescado retirándole las aletas y la cabeza. Luego lo abren en corte mariposa*, conservando la espina dorsal. Si la pieza es muy grande, la porcionan. Encienden la barbacoa, muchas veces con madera de desecho de los aserríos, y dejan que se carbonice. Posteriormente colocan el pescado sobre las brasas, para que reciba el humo. De vez en cuando lo voltean. Este proceso puede tomar unas 2 horas.

Por último, lo retiran de la fuente de calor y lo disponen verticalmente, para que escurra una especie de resina que se produce en este proceso, hasta que se enfríe. Luego lo pasan a unas bateas, para su exhibición y venta. Debe consumirse antes de 8 días, porque luego adquiere un olor y sabor a amoniaco.

Salado

Para salar el pescado, primero retiran las escamas (si las tuviere) y le practican el corte mariposa. A continuación deshidratan sal común en el fuego, que queda muy fina, y la esparcen sobre el pescado. Después lo disponen sobre unas camas de madera, que también se llaman barbacoas. De acuerdo con la intensidad del sol, el proceso puede tardar de 2 a 3 días. Durante el día se coloca al sol y en la noche se guarda. Por último, lo ensartan en una pita y lo empacan.

Para desalarlo lo sumergen en agua fresca salada, o agua de mar, durante aproximadamente ½ hora. Luego se cambia el agua, también salada, y se deja alrededor de ½ hora más.

Principales poblaciones y sitios de pesca

Pacífico norte

Juradó, Bahía Cupica, Bahía Solano, Nuquí

La pesca es principalmente artesanal. Los pescadores de Juradó, Cupica y Bahía Solano tienden a pescar en Punta Piña, Cabo Marzo y Punta Ardita. Los asentamientos pesqueros del Valle y Nuquí pescan hacia Cabo Corrientes.

En su mayoría las embarcaciones son de madera, de motor, y conservan el producto ya eviscerado en hielo, en contenedores de icopor o madera, revestidos con poliuretano o fibra de vidrio.

El arte más usado es el palangre horizontal de fondo. La actividad de pesca es nocturna y semidiurna, dependiendo de la disponibilidad del recurso y del tipo de especie que se esté capturando. En la pesca costera, entre 2 y 5 millas de la playa, calan el arte y lo revisan cada 12 horas. Las faenas en mar abierto, donde no se ve la costa y requieren del apoyo de brújula, duran de 3 a 5 días.

Las temporadas de pesca se encuentran influenciadas por el fenómeno del Niño y de la Niña. Sin embargo, se tienen identificadas algunas épocas de captura que funcionan así: de marzo a junio se pesca con mayor profusión el pargo lunarejo; entre septiembre y noviembre, la cherna; entre noviembre y febrero, la brótula; y durante todo el año, especies pelágicas como el atún, el jurel, el marlin, la sardina y el bravo, entre otras.

Sus productos se despachan por vía aérea, principalmente a Medellín y Quibdó. El escaso desarrollo en infraestructura de plantas de proceso y congelación favorece, en forma notable, la producción de pescado fresco.

La pesca es la base de la alimentación. La agricultura, el turismo, los servicios y una ganadería incipiente acompañan las demás actividades económicas de la zona. El pescado frito con patacón y arroz, el sudado llamado "tapao", el sancocho y algunas preparaciones de filetes a la plancha, en especial de atún o bravo, dominan la culinaria local. Por otro lado, no cuentan con la piangua y el camarón para variar sus preparaciones.

Pacífico sur

Buenaventura

Es el principal centro de pesca, acopio y distribución del Pacífico colombiano. La producción de pesca artesanal le llega desde playas próximas, y también de otras que se encuentran a 2 y 3 días de viaje. Está conformado por el golfo de Tortugas, La Bocana, Bahía Málaga, Juanchaco y Ladrilleros, Ají, Ajicito, Chamuscado y Yurumanguí, entre otros, y cuenta con unos 6. 000 pescadores.

En el puerto de Buenaventura se encuentra la más importante flota de pesca industrial de atún, camarón y pesca blanca (pescado). Son numerosas las embarcaciones de pesca artesanal. Desde allí los productos frescos y congelados se despachan a las principales ciudades: Cali, Bogotá, Medellín, Eje Cafetero, y hacia el mercado internacional.

Las embarcaciones artesanales son, por lo general, de madera, a canalete, con motor y también de vela. Los principales artes son el trasmallo electrónico, el chinchorro y el palangre. Pescan de día y de noche, y las faenas pueden durar alrededor de 7 a 8 horas. Suelen llevar hielo para conservar el producto, y algunas especies se evisceran en la misma embarcación.

La mejor época de pesca es desde marzo hasta julio. De noviembre a febrero se pesca el dorado, y en agosto, debido a los vientos, la pesca escasea. En orden descendente, los productos de mayor pesca son: barbinche, ñato, corvina pequeña (pelada), brótula, sierra, toyo, gualajo, corvina de escama (grande), jurel, lisa, barbeta, dorado y camarón tití y blanco. Además, atún, tamborero (merito) y lenguado.

La rica gastronomía del Pacífico se encuentra resumida en esta población. El uso del coco, como en todo el trópico, es muy frecuente en las preparaciones.

Tumaco

Después de Buenaventura, este es el principal centro pesquero, de acopio y de distribución del

Pacífico colombiano. Cuenta con alguna pesca industrial y mucha pesca artesanal.

Su costa, de 370 km, presenta condiciones muy singulares que la hacen rica en pesca. En primer lugar, es un gran estuario bañado por grandes ríos que en sus desembocaduras forman deltas y esteros. Además, cuenta con una vasta zona de manglar y con 3 importantes bancos de pesca: banco Colombia, banco Tumaco y banco Caballo, que en promedio distan unas 40 millas de la costa.

Estos bancos surgen de una cordillera submarina que va desde Guayaquil hasta Cabo Corrientes y Juradó, y reciben influencias de la corriente de Humboldt, la contracorriente ecuatorial y la corriente Colombia (prolongación de la de California).

Los artes de pesca usados en la zona son, en los de malla, el trasmallo, la changa y el chinchorro, principalmente para la captura de camarones y langostinos. En los artes de línea, para la captura de pescados, el principal es el espinel. Para la pesca de jaiba usan nasas. La piangua la capturan manualmente las mujeres y los niños, en las zonas de manglar, ayudados con vasijas de plástico o cortezas de coco. Con frecuencia se utiliza dinamita, a pesar de las prohibiciones y del peligro que implica para la vida de los pescadores.

La pesca se practica tanto de día como de noche, de acuerdo con el estado del tiempo, la temporada y el tipo de producto que desean capturar. En su mayoría, las embarcaciones son de madera con motor fuera de borda. Poco a poco se han venido imponiendo los botes fabricados en fibra de vidrio.

De febrero a abril las especies más capturadas son: corvina, bagre, berrugate, róbalo, cherna, brótula, jurel, burique y pargo. De mayo a julio se obtiene la mejor pesca de langostino, y en junio, el pargo y la cherna. A causa de los vientos y grandes mareas, la época de menor captura es entre agosto y octubre. En esta zona del Pacífico se encuentra alojada la industria del cultivo de camarón.

Guapi

Esta población, incrustada en la desembocadura del río Guapi, se encuentra en una de las zonas más lluviosas del mundo, con una precipitación de 6. 000 mm/año. Los meses más lluviosos son abril, mayo y junio. De julio a diciembre la intensidad disminuye, y de enero a marzo es un período relativamente seco.

Aunque este ha sido un rico sector minero, la pesca es la principal fuente de alimento y de recursos económicos. En las aguas cercanas a la costa, a lo largo de los ríos, y en los esteros, se encuentra una importante pesca de subsistencia, que se realiza de manera incipiente.

Además de Guapi, las principales poblaciones y comunidades pesqueras de la región son: Quiroga, El Charco, Limones, Cuerval Cauca, Cuerval Nariño, Timbiquí, Chacón, Puerto Saija y López de Micay, entre otras.

Las embarcaciones usadas son de madera, de motor y canalete. Los principales artes son líneas de mano y espineles para la captura de gualajo y machetajo (dos especies de róbalo), pelada y camiseta (corvinas pequeñas), sierra y sierrilla (sierra pequeña), alguacil y chivo (bagres de mar), entre otros.

En esta zona se encuentra una gran riqueza de langostinos, camarones tití y tigre, que se capturan principalmente con changa y el trasmallo electrónico; las faenas son cortas, de unas 3 a 4 horas. La jaiba se captura con nasas.

Por lo general la pesca, y sobre todo la del día, no se conserva en hielo y sólo se protege de los rayos solares. Únicamente el camarón se conserva en hielo, en neveras de icopor. La producción pesquera, en su mayoría, se vende a las pesqueras de la zona o a los acopiadores, quienes

22

luego envían el producto a Buenaventura, por vía marítima, en los barcos de cabotaje, sin refrigeración. Estos barcos salen a las 4 p.m. y llegan a su destino a las 6 a. m.

El pescado que no compran las pesqueras lo adquieren las "pulperas", mujeres ubicadas en un lugar conocido como El Bagrero, a 10 minutos del casco urbano de Guapi. Ellas inician el proceso de conservación en hielo de los productos frescos o de mejor salida, o el de ahumado o salado para los más abundantes o los de venta más lenta, o para aquellos cuya calidad se haya visto afectada.

Luego las "pulperas" llevan el producto a las "metreras", mujeres conocidas con este apodo porque en la plaza de mercado ocupan un metro cuadrado. La venta del pescado no se hace al peso sino "al ojo", método que permite elevar el precio según el comprador. Los de mayor demanda en la localidad son, precisamente, los ahumados y salados.

EL LITORAL CARIBE

A pesar de que el Caribe cuenta con menor cantidad de recurso pesquero que el Pacífico colombiano, las poblaciones pesqueras son más accesibles gracias al desarrollo de importantes centros urbanos, de carreteras a lo largo del litoral y de aeropuertos a menos de 3 horas de las playas más distantes. Por consiguiente, la comercialización de los productos se efectúa con mayor rapidez desde el momento de su captura.

Geografía y ecología

El Caribe colombiano cuenta con una longitud de 1.560 km. Además de la costa

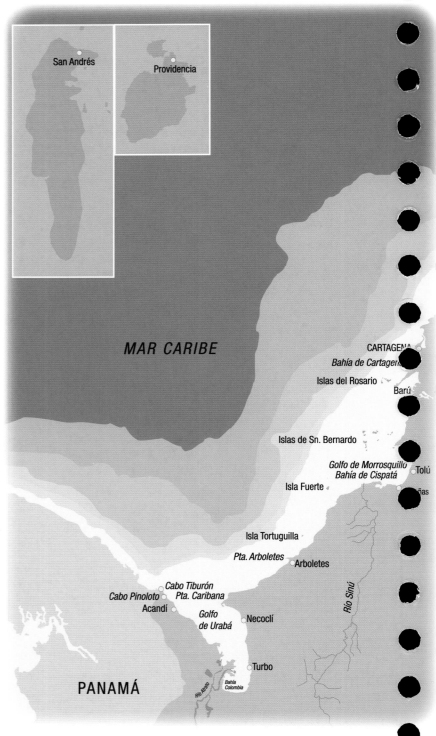

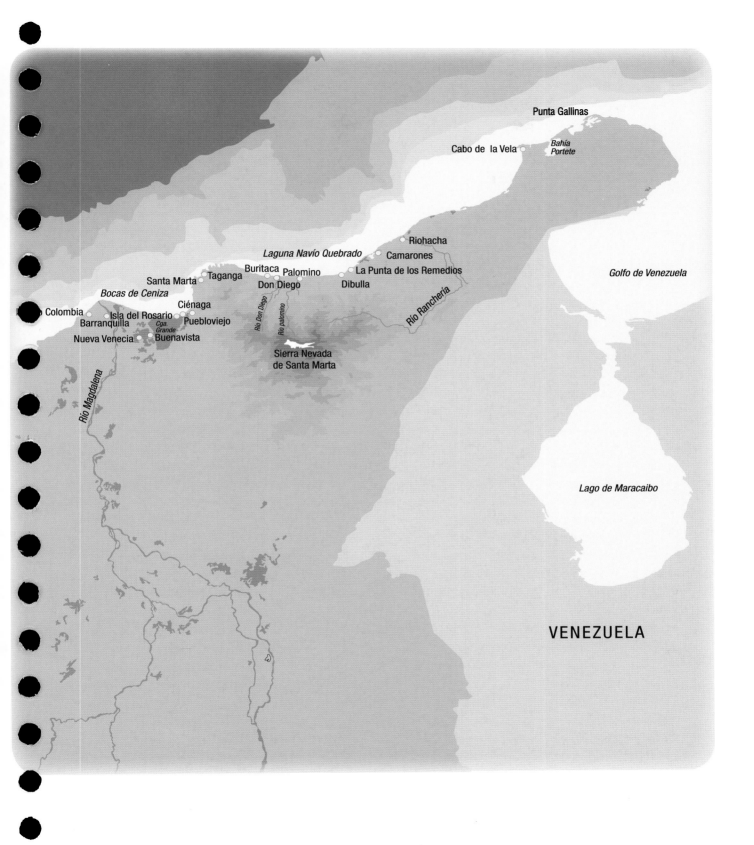

Punta Gallinas

Cabo de la Vela

Bahía Portete

Golfo de Venezuela

Riohacha

Laguna Navío Quebrado

Camarones

Buritaca

Palomino

La Punta de los Remedios

Santa Marta

Taganga

Don Diego

Dibulla

Bocas de Ceniza

Ciénaga

Río Don Diego

Río palomino

Río Ranchería

Colombia

Isla del Rosario

Puebloviejo

Barranquilla

Cga. Grande

Nueva Venecia

Buenavista

Sierra Nevada de Santa Marta

Río Magdalena

Lago de Maracaibo

VENEZUELA

continental, comprende vastos fondos submarinos, bajos, cayos e islas. Estas áreas se encuentran separadas por una depresión profunda, la cuenca de Colombia. Su costa se extiende desde el punto denominado Cabo Tiburón (en la frontera con Panamá) hasta la desembocadura del río Siliamahana, en Castilletes (en la frontera con Venezuela).

En este litoral desembocan importantes ríos como el Magdalena, el Atrato, el Sinú, el Don Diego, el Palomino y el Ranchería, en cuyos deltas (principalmente en los tres primeros) se forman extensos sistemas de lagunas y bosques de manglar, caracterizados por su alta productividad.

Con base en la distribución de los principales ecosistemas marinos, el Caribe colombiano se divide en los siguientes sectores (Díaz y Puyana):

Sector 1: *entre el golfo de Urabá e Isla Fuerte,* frente a la desembocadura del río Sinú. Este sector se caracteriza por sus aguas tranquilas, relativamente turbias debido a la influencia de los ríos Atrato y Sinú, una plataforma continental ancha con fondos predominantemente lodosos y amplias extensiones de litoral de playa.

Sector 2: *desde la desembocadura del río Sinú hasta la bahía de Cartagena,* incluyendo el golfo de Morrosquillo, la bahía de Barbacoas y los archipiélagos de San Bernardo y el Rosario. Se caracteriza por una alta diversidad de ambientes, entre los que se destacan zonas de arrecifes coralinos intercaladas con praderas de pastos marinos, bosques de mangle, playas y costa rocosa. Sus aguas son tranquilas, turbias cerca de la costa y claras alrededor de los archipiélagos.

Sector 3: *entre Cartagena y la desembocadura del río Magdalena (Bocas de Ceniza).* En este sector predomina el litoral arenoso y las aguas muy turbias, relativamente agitadas. Las formaciones coralinas y los pastos marinos están completamente ausentes.

Sector 4: *desde Bocas de Ceniza hasta Punta Gloria, en las inmediaciones del balneario del Rodadero.* Incluye todo el litoral de la isla de Salamanca y toda la extensión de la Ciénaga Grande de Santa Marta. Aquí se combinan ambientes estuarinos con extensos bosques de mangle, bancos de ostras y fondos lodosos. El ambiente es eminentemente marino, con praderas de algas y algunas formaciones de arrecifes en el borde de la plataforma, la cual es ancha, con aguas tranquilas y agitadas; el litoral es, en general, arenoso.

Sector 5: *entre El Rodadero y el río Piedras,* limite oriental del Parque Nacional Natural Tayrona. El litoral, predominantemente rocoso a lo largo de una serie de bahías y ensenadas, se caracteriza por una plataforma muy estrecha y abrupta, acantilados rocosos, arrecifes coralinos, praderas de algas y pastos marinos, y algunas playas. Las aguas son algo agitadas, claras y, en la primera parte del año, considerablemente frías debido a la surgencia de aguas profundas.

Sector 6: *Dibulla hasta la frontera con Venezuela.* Este sector comprende desde el río Piedras hasta la parte más septentrional de la península de La Guajira, donde la plataforma alcanza su mayor ensanchamiento. La costa es plana y de tipo arenoso, a excepción de los promontorios rocoso-arcillosos del Cabo de la Vela, Media Luna y Punta Espada. En la península de La Guajira, el Cabo de la Vela se sitúa, hacia el suroeste, como el límite de sedimentos gruesos y arenosos, y hacia el noreste con sedimentos más finos, tendiendo a lodosos.

Sector 7: *Áreas insulares. San Andrés y Providencia.* Este sector agrupa aquellas áreas de origen volcánico con formaciones arrecifales extensas,

Aparejos de pesca
artesanal.
San Antero (Córdoba)

tales como San Andrés, Providencia, Santa Catalina, cayos y bajos.

Historia y poblamiento

Las evidencias arqueológicas muestran que el poblamiento de la región Caribe data de unos 14. 000 años, con grupos de cazadores-colectores. Estos grupos nómadas encontraron, en lagunas y ciénagas costeras, alimentación fácil de capturar, rica en proteínas, como caracoles, almejas y ostras. De la recolección se pasó, en forma gradual, a la horticultura, y después a la agricultura. La abundante disponibilidad de recursos en la región, como la pesca y la caza menor en ríos, lagunas y ciénagas, hizo innecesario el desarrollo de una agricultura intensiva, y por esto el cultivo de tubérculos fue predominante.

Los negros africanos que llegaron como esclavos influyeron notoriamente en las diferentes manifestaciones culturales. Entre los guajiros se registran africanismos ideológicos y socioeconómicos originados durante los siglos XVI y XVII por el contacto entre negros que huyeron de la esclavitud y se refugiaron entre los pobladores indígenas. En la región de Santa Marta hay una fuerte influencia indígena, por la resistencia que protagonizaron estos grupos, así como una fuerte influencia europea. En Barranquilla se presentan negros y mestizos, y desde Cartagena hacia el sur predomina la influencia africana. Ante esto se destaca la permanencia de grupos indígenas sin mayor mestizaje, como los wayú y la de los negros que forman palenques (CORPES, *Costa Atlántica*).

Los asentamientos indígenas definieron lugares de fundación de poblaciones por parte de los conquistadores españoles, en el siglo XVI. Se funda, en 1510, Santa María la Antigua del Darién, abandonada con el descubrimiento del Pacífico y la fundación de Panamá en 1519. En 1525, Santa Marta, cuya provincia se extendía desde el

Cabo de la Vela hasta el río Magdalena. En 1533, Cartagena, que surge como puerto estratégico comercial y de defensa. Después se fundó, en 1545, Nuestra Señora Santa María de los Remedios del Cabo de la Vela, que luego fue trasladada al sitio del río del Hacha. En 1535 se estableció también la villa de Santiago de Tolú. Cartagena fue la ciudad que más sobresalió a causa de la fuerte actividad comercial de diferentes mercancías y de esclavos (CORPES. *Costa Atlántica*).

En el siglo XVII disminuyó la fundación de ciudades, en parte por la extinción de las poblaciones indígenas. En la segunda mitad del siglo XVIII la fundación se reactiva y es llevada a cabo por la población mestiza de zambos, de blancos pobres y de negros cimarrones que huían de la esclavitud. Lo anterior con el fin de evitar que se establecieran "arrochelados", como se le decía a la colonización espontánea que vivía "sin Dios ni ley".

Más tarde, las guerras de independencia significaron para la costa un violento proceso de ruralización, y la ruina de ciudades como Cartagena. La abolición de la esclavitud y los cambios políticos la eliminaron como una de las ciudades más importantes de la costa y del país. Al mismo tiempo, en 1870 surgía el epicentro urbano de Barranquilla. Gracias a su ubicación geográfica, esta ciudad superó a Cartagena y Santa Marta, lo que le permitió ser, a la vez, puerto fluvial sobre el Magdalena y marítimo en el Caribe. Cartagena se comunicaba con el río Magdalena por medio del canal del Dique, y Santa Marta se convirtió en el centro de producción del banano de exportación.

La baja oferta internacional de productos manufacturados, como consecuencia de la depresión mundial de 1929, activó la expansión de la industria nacional, que se estableció en centros urbanos. Lo anterior motivó la migración del campo a la ciudad, y las actividades del sector primario fueron paulatinamente sustituidas por el crecimiento de la industria.

En la década de los años 30, Barranquilla se consolidó como centro comercial e inició su industrialización. Paralelo a este desarrollo, la fuerte inmigración trajo sus tradiciones culturales, y se presentó un rápido desarrollo urbano, industrial, comercial, financiero y de comunicaciones, que la convirtieron en un centro urbano con características particulares. Cartagena y Santa Marta se consolidaron como los principales centros turísticos del país, la primera ciudad como el principal puerto pesquero del Caribe, y la Zona de Urabá como un gran productor de banano de exportación.

Usos y costumbres

La pesca se efectúa desde el momento en que comienzan las lluvias, a finales de marzo, hasta que aparecen las brisas a mediados de noviembre. La mejor época es desde septiembre hasta octubre, cuando la temporada invernal entra más fuerte. Durante diciembre, enero y febrero soportan fuertes brisas, oleajes y corrientes que dificultan la salida de las embarcaciones artesanales, e incluso de las industriales.

A lo largo del litoral es frecuente el uso del pescado "salpreso" y salado, especialmente en La Guajira y en la Ciénaga Grande. El proceso de salar y secar es similar al del Pacífico sur.

Salpreso se llama al pescado salado, no seco, que se usa durante el mismo día o al siguiente, y por lo tanto no alcanza a secarse tanto como el que dejan asolear por varios días. El salpreso lo efectúan en pescados a los que previamente les han practicado un corte llamado "relajado", que es igual al mariposa, desde el vientre, pero dejando el espinazo en uno de los costados del pescado.

El salpicón, llamado también "revoltillo" o "fricasé" hacia el sur, casi siempre se prepara con pescado salpreso o seco, y es frecuente en casi todo el litoral. Para desalarlo y llevarlo a la preparación, lo cocinan en agua de mar, o en agua dulce con un poco de sal. Lo dejan enfriar y luego lo desmenuzan y lo lavan muy bien, para quitarle la arena que le hubiera caído cuando se estaba secando. Lo exprimen hasta que esté completamente seco, y luego lo cocinan en una olla, con ajo, cebolla, tomate, pimentón, vinagre, color y un poco de caldo de gallina, que son los ingredientes más frecuentes.

Una importante industria de camarón de cultivo se ha establecido en la costa Caribe, en La Guajira y especialmente en Bolívar, Sucre y Córdoba. Ésta se caracteriza por la alta calidad de sus productos, que se exportan a la Unión Europea, Estados Unidos y Japón. En los últimos años este producto es consumido y muy apreciado en el mercado colombiano.

Los criaderos de sábalo, en realidad de sabalete, porque sólo los dejan crecer hasta alcanzar menos de 5 kg, se están observando a lo largo del litoral, y también los de la mojarra lora (tilapia plateada).

Principales poblaciones y sitios de pesca

Cabo de la Vela, Manaure y Riohacha

En esta región, la pesca artesanal está a cargo de la población wayú. La embarcación tradicional es el cayuco, construido en una sola pieza con madera de caracolí. Sobre todo cuentan con navegación de vela y algunas con motor fuera de borda.

En el Cabo se pesca principalmente con palangre, nasas, trasmallo y buceo. En Manaure el arte principal es el trasmallo de fondo y de superficie, y en Riohacha, además de los anteriores, usan el boliche. También es frecuente el uso de nasas para la pesca de langosta, pargo y mojarra.

Embarcaciones pesqueras de origen Tayrona, conocidos con el nombre de "bongos". Taganga

Esta región es rica en langosta y caracol pala. En pescados caen tiburones, y algunos de carne blanca como el mero, el pargo, el ronco y el sargo. Otro producto de importancia es la pepitona (bivalvo parecido a la almeja). Hasta hace algunos años abundaba la ostra perlífera, hoy en extinción por la sobrepesca y la destrucción del ecosistema a causa de los fuertes huracanes.

Una de sus principales preparaciones es el "salpicón"* en el que se puede usar pescado fresco o seco. Los más conocidos son el salpicón de raya y de cazón (tiburón pequeño, de menos de 10 kg), pero también es frecuente que se use mero, pargo u otros que se tengan a la mano. Sus preparaciones más frecuentes son frito, guisado y en sopa.

Camarones, La Punta de los Remedios y Dibulla

En Camarones se extrae principalmente camarón tití, pero también pargo y mero y otras especies de menor importancia comercial. El arroz de camarón, de Camarones*, es un plato típico muy reconocido, condimentado básicamente con la cáscara del crustáceo.

Mar afuera, entre Dibulla y La Punta, se encuentra una importante zona de surgencia que enriquece la pesca en esta región. Los artes más utilizados son el sedal, el palangre y el trasmallo. La pesca se efectúa principalmente de día, y en las noches sin luna, conocidas como "oscuranas", salen a buscar la sierra de Castilla y la sierra carite. Los productos de mayor captura son el róbalo, la sierra, el mero, el jurel y la langosta. Las formas de preparación más frecuentes son el frito y el salpicón.

Taganga

Ha preservado la tradición de pesca de sus antepasados taironas, cuenta con una flota de barcos semiartesanales que hacen faenas de 8 a 15 días. Sus principales artes son el palangre y el correteo. A pesar de ser faenas relativamente largas, consiguen llevar a la playa productos frescos de muy buena calidad. Capturan principalmente pargo, mero y medregal. También realizan una pesca local donde extraen langosta y caracol copei.

Es frecuente que comercialicen su pesca en Aruba, donde pagan mejor precio que en Colom-

30

bia. Con las cabezas y espinazos que quedan luego de filetear pargos y meros, preparan un espectacular sancocho de pescado.

Ciénaga Grande de Santa Marta

Esta vasta región fue la responsable de "alimentar" a casi todo el Caribe. Hoy su productividad se encuentra muy disminuida a causa de daños severos en el ecosistema, y por malas prácticas de pesca.

En otros tiempos la región era rica en mojarra, pescado de carne blanca de tamaño pequeño (hasta 1 kg), que en la actualidad está prácticamente en extinción. Aunque es evidente que el róbalo ha disminuido de tamaño, y por ende también el volumen de captura, la Ciénaga Grande sigue siendo uno de los principales sitios de producción de este magnífico pescado. El lebranche, la lisa y sobre todo el sábalo de cautiverio se siguen produciendo con relativa generosidad.

Poblaciones pesqueras que dan al mar, como la Ciénaga Grande, capturan un excelente langostino, y también pargo, róbalo y bagre de mar (chivo). De cara a la Ciénaga, en la parte más al norte, sobre la carretera que une a Barranquilla con Santa Marta, se encuentran algunas poblaciones eminentemente pesqueras, como Tasajera, Puebloviejo, Isla del Rosario y Palmira. En mariscos se extrae, en la actualidad, jaiba, camarón, almeja, chipi chipi y también algo de ostra y de caracol copei.

En el interior de la ciénaga se encuentran las poblaciones palafíticas: Nueva Venecia, Morro, Trojas de Cataca y Buenavista Agua, otrora particularmente prolíficas en ostra, caracol, almeja y chipi chipi.

Los artes más usados son la atarraya y el chinchorro. Cuando pescan de día, salen a las 4 a.m. y

regresan a las 2 o 3 p.m. Para pescar en la noche salen a las 6 p.m. y están de regreso entre las 5 y las 7 de la mañana siguiente.

Cuentan con cortes y presentaciones originales para los pescados, como el "engambuzado", en el que practican exteriormente unas rajas a la pieza, lo que facilita su adobo y consumo. También es muy frecuente el corte conocido como "relajado". Cuando este pescado se lleva a la brasa o al horno, relleno con algunas verduras, lo llaman "cabrito"*.

Con mayor frecuencia se consumen fritos, asados y en sancocho. El arroz de lisa*, un plato excelente, se prepara con lisa seca, salada, y "manteada" (corte mariposa). A diferencia de otras playas, no suelen usar coco en sus preparaciones.

Las Flores (Barranquilla)

Sus sitios de pesca son en el mar y en las ciénagas, en especial la de Mallorquín, y en el complejo de lagunas de la isla de Salamanca. Las embarcaciones son por lo general de madera, y se desplazan por medio de vela y canalete. Su pesca es diurna y nocturna, y los artes más usados son el trasmallo, el chinchorro, la atarraya, y entre los anzuelos, el sedal y el palangre.

Las especies que más se capturan son: sierra carito, corvina platera, jurel, cojinúa, róbalo, sábalo, pargo y chino. En sus preparaciones prefieren la corvina pequeña, que se conoce como "maríacano". El pescado frito es la preparación de su preferencia.

La Boquilla (Cartagena)

Este rico sector de pesca está conformado por Loma Arena, Arroyo de Piedra, Punta Canoa, Manzanillo del Mar, y también por algunas comunidades en la Ciénaga de la Virgen.

Las embarcaciones que usan en el mar son en general de madera, accionadas con canalete y palanca, con la que se empujan hundiéndola en la tierra. Prácticamente no usan la vela para su locomoción.

Los artes más usados son el trasmallo, el chinchorro, la atarraya y en los anzuelos, el sedal y el palangre. Es frecuente que dividan la pesca diurna en dos jornadas, una desde las 5 a.m. hasta el mediodía, y otra desde las primeras horas de la tarde hasta que comienza la noche. En la embarcación llevan una nevera de icopor con hielo, para conservar el producto.

En la pesca, rica y variada, capturan en orden descendente: jurel, róbalo, sierra, corvina, que en estas playas se conoce como "marulanga", y también mojarra, sable, lisa y lebranche, los dos últimos sobre todo en octubre. El camarón y el langostino se capturan durante todo el año, pero la mejor época es de diciembre a marzo. Los pescadores dicen que todavía hay sábalo pero que ya no se deja coger, y lo han sustituido por el sabalete de cautiverio.

En La Boquilla es bien conocido el sancocho de sábalo, y el macabí y el chivo (bagre de mar), ya sean guisados, fritos o en salpicón.

Islas del Rosario, San Bernardo e Isla Fuerte

Las tres tienen en común su formación coralina y que se encuentran ubicadas en el mismo ecosistema del Caribe colombiano.

En la zona de coral la pesca es diurna, con sedal y sobre todo con buceo a pulmón atrapando langosta, cangreja, pulpo y caracol pala con la mano protegida con un guante, y con un arpón los pescados. Usan embarcaciones de madera accionadas con vela y remo. Durante la faena protegen los productos en un pequeño cajón al que llaman "compuerta".

Fuera del arrecife pescan bonito y cojinúa con trasmallo. A partir de junio comienza la pesca del pargo, y para septiembre y octubre, con cordel, la de la cherna y distintas especies de pargo. Para estas faenas llevan una nevera con hielo, para preservar el producto.

Golfo de Morrosquillo

Además de Santiago de Tolú, esta área de pesca está conformada por la Ciénaga de la Caimanera, Punta de Piedra, Coveñitas y Coveñas. Hacia el norte se encuentra Berruga y Rincón del Mar. Hacia el sur, El Porvenir, La Parrilla, Calado y San Antero.

Las embarcaciones más frecuentes son las canoas de remo y de vela. Usan la atarraya y el sedal, pero no permiten el uso de trasmallo. Cuando la pesca "pinta" buena, sacan los palangres. Pescan sobre todo de día, de 5 de la mañana a 3 de la tarde.

Embarcaciones de pesca industrial, de arrastre, recorren el golfo en busca de camarón y langostino rosado, y como fauna acompañante cae el pescado conocido como "perla".

El pescado que más abunda es la cojinúa, y su mejor época es de diciembre a febrero. En febrero y marzo sale bastante pargo mulato. En la temporada normal de pesca, desde abril hasta noviembre, capturan sierra (carito), pargo chino y picuda. Además, cae medregal, bonito, lisa (a la que llaman "parao"), lebranche y sábalo. Llevan estos productos con víscera hasta la playa. Pescan también camarón y lo comercializan con cabeza.

Santiago de Tolú y San Antero son los principales centros de acopio, desde donde se distribuye hacia ciudades más grandes como Cartagena, Montería, y desde éstas hacia el interior del país.

Por lo general consumen pescado frito. Cuando lo preparan cocido, siempre usan leche de coco. No preparan el "cabrito", ni usan el término "relajado".

Bahía Cispatá

Un afortunado capricho de la naturaleza cambió el curso de uno de los brazos del río Sinú hacia el sur de la bahía, salinizando sus aguas y aportando gran flujo de nutrientes. Mientras casi todos los estuarios del planeta se encuentran amenazados por la contaminación y la degradación, los manglares de Bahía Cispatá son vigorosos, y se encuentran en pleno crecimiento y expansión.

En esta bahía se han establecido importantes cultivos de camarón y se están haciendo cultivos experimentales de ostra y sábalo.

San Antero

Es el municipio pesquero más importante de la bahía, donde se encuentran también Caño del Lobo y Caño Grande, que cuentan con unos 3. 000 pescadores.

Las embarcaciones son de vela y de remo. La pesca se realiza con atarraya, sedal, palangre y trasmallo. Para el camarón usan el boliche, y en este caso con embarcaciones de motor. La mayoría de la pesca se realiza de día, desde las 5 a.m. hasta la 1 ó 2 p.m. Cuando salen en la noche regresan en la madrugada.

Al pescado le retiran la víscera y lo mantienen en la embarcación, dentro de una nevera de icopor con hielo, mientras llegan a la playa. Los productos que más salen son la lisa, a la que llaman "anchoa", el lebranche y el róbalo. También hay pescadores especializados en la extracción de ostra, chipi chipi y caracol copei.

La mejor temporada de pesca es entre julio y septiembre, cuando la lluvia arrecia. No tienen preferencia por ningún pescado, si acaso por el macabí. Les gusta frito y cocido en leche de coco. Preparan el salpicón de pescado, al que llaman "revoltillo" o "fricasé".

Golfo de Urabá

El aporte de aguas del río Atrato lo hace inmensamente rico en nutrientes. Cuenta con importantes poblaciones pesqueras, entre ellas Necoclí y Totumo, al nororiente del golfo, Turbo en el sur, y Capurganá y Sapzurro al noroccidente.

En su mayoría, en esta zona las embarcaciones son de motor. Usan principalmente el trasmallo, en distintas aguas, buscando camarón, róbalo, pargo y sierra.

Necoclí

Los principales productos capturados son la sierra y el róbalo. En septiembre y octubre pescan corvinas de 4 y 5 libras. Otras especies frecuentes son el jurel, la cojinúa, la lisa ("anchoa") y el lebranche. La pesca puede ser diurna y nocturna, según la especie que deseen capturar. Las faenas suelen durar alrededor de 3 días. Evisceran el pescado en la misma embarcación, y lo conservan en nevera de icopor con hielo, mientras llegan a la playa.

Totumo

Pescan principalmente langostino, con chinchorro. La mejor pesca es en verano, desde diciembre hasta marzo. Es una región rica en jaiba, pero como no tienen la venta asegurada, no la pescan.

Turbo

En esta población los productos capturados, y los hábitos de pesca y consumo, son similares a los de Necoclí y Totumo.

La población consume la pesca del golfo, y el excedente se centraliza en Turbo, desde donde se despacha, congelado, principalmente hacia Medellín y Quibdó.

A causa de la influencia del río Atrato, el pescado de agua dulce también tiene gran acogida, especialmente el bocachico, que casi siempre se prepara frito. El coco lo usan para el arroz.

Hay una importante pesca industrial, con barcos arrastreros de camarón.

Capurganá y Sapzurro

Hacia estos lados las playas son coralinas. Las rutinas de pesca y los productos capturados son similares a los de las islas: langosta, cangreja, caracol de pala, pulpo y pargo rojo. Cae también mero, cherna y jurel.

SAN ANDRÉS, PROVIDENCIA Y SANTA CATALINA

Historia y poblamiento

En 1510, en el día de Santa Catalina, Diego de Nicuesa descubrió un par de islas que bautizó con el nombre de la santa. En cambio, los ingleses y holandeses las llamaron *Old Providence*.

Providencia comenzó a ser explotada por los holandeses en 1527. Ellos desarrollaron una explotación comercial de madera durante 100 años, pero no se radicaron allí. Los árboles que talaban eran cedro, caoba y otro conocido como el árbol de hierro.

En Londres se conformó una empresa, la Compañía de Providencia, que tuvo a su cargo la colonización de Providencia y San Andrés. Fue creada por puritanos opositores al régimen de Carlos I de Inglaterra. Esta compañía estuvo íntimamente relacionada con la simultánea colonización de Nueva Inglaterra, ya que la empresa de Massachusetts dependía, en cuanto a las influencias oficiales, de los socios de la Compañía de Providencia.

En 1629 una expedición partió hacia las islas; los barcos llegaron primero a *San Andreas* y continuaron su viaje hasta Santa Catalina. Los preparativos para recibir a los colonizadores que llegarían desde Bermuda en 1631, comenzaron de inmediato. La primera población recibió el nombre de Nueva Westminster.

La isla se convirtió en una fortaleza y desde allí se desarrolló la colonización del oriente centroamericano. Casi al tiempo comenzaron a comprar esclavos negros del África para usarlos como mano de obra agrícola. El primer cultivo fue de tabaco, y luego fueron estableciendo el de algodón, maíz, fríjol y otros.

A pesar de la crítica situación que España atravesaba por las guerras en Europa, y por el esfuerzo supremo de recuperar Brasil de manos de los holandeses, que requería de todos sus barcos, tripulaciones y municiones, el pillaje y el saqueo que los ingleses consolidaron en Providencia era tal, que decidieron expulsarlos a como diera lugar.

Tras algunos intentos fallidos, en 1641 zarparon de Cartagena 2.000 hombres al mando del almirante don Francisco Díaz de Pimienta, quienes consiguieron desembarcar en la isla y derrotar a los ingleses.

En 1660 y hasta 1664, y de nuevo en 1670, Henry Morgan ocupó la isla para recuperar el dominio de la corona inglesa. Desde allí planeó el ataque a Panamá, y luego centró su interés en otros puntos del Caribe, lo que facilitó otra vez la recuperación de Providencia por parte de los españoles. Durante los 100 años siguientes las islas estuvieron casi exclusivamente pobladas por cultivadores negros, pues los ingleses ya no constituían una amenaza para la navegación.

En 1786, con el Tratado de Versalles, se inició el desalojo del Caribe por parte de los ingleses. Unos 6 años después los habitantes de Providencia solicitaron permiso a la corona española para permanecer en las islas a cambio de declararse sumisos al rey. Durante esta época, el capitán inglés Francis Archibold recibió, por parte de la corona, permiso para asentarse en las islas con su familia y esclavos. Realizó importantes importaciones de esclavos, fue reconocido como el primer tronco ancestral de muchos de los isleños.

Para 1795, como el irlandés Tomas O´Neill, nombrado gobernador de las islas, también juró lealtad a la corona española, recibió autorización para repartir tierra a los colonos, y por esta razón más cultivadores de Jamaica fueron atraídos a la isla. En 1803 Panamá, la costa Mosquitia centroamericana y las islas, fueron puestas por la corona bajo el mandato de Santa Fe.

En 1822 los isleños se adhirieron voluntariamente a la Gran Colombia, y comenzaron a formar parte del Sexto Cantón de la Provincia de Cartagena. Además, las autoridades del archipiélago, que residían en Providencia, se trasladaron a San Andrés.

Usos y costumbres

En las islas la agricultura es activa: se cultivan casi todas las frutas tropicales, bananos y plátanos, además de una buena variedad de tubérculos como yuca, ñame, jengibre y mafafa, entre otros. El coco es abundante y se usa en casi todas las preparaciones: la leche para cocidos y el aceite para saltear y freír. Tanto los hombres como las mujeres de la isla disfrutan de la preparación de platos. La gastronomía autóctona es rica y variada, con la virtud de que es de uso frecuente y cotidiano en toda la población. El exquisito cangrejo negro, especie exclusiva de las islas y el más apreciado por los isleños, se prepara de diversas maneras: guisado, relleno y en sopa.

El caracol pala y los pargos se usan de diversas maneras, como en el rondón, uno de sus platos insignias. La langosta proviene sobre todo de la pesca industrial, y sus preparaciones son similares a las del continente. En San Andrés se encuentra una langosta con pecas, poco abundante pero deliciosa, y con el encanto de poderla llevar al caldero viva, recién salida del mar. Extrañamente, a pesar de ser propio de las islas el pulpo casi no se captura ni consume. Entre los pescados, el pargo es el rey. Sin embargo, otros como la saltona, la cherna y el mero, y algunos azules como la sierra, el bonito y la barracuda, son muy apreciados.

La pesca en las islas

En San Andrés la pesca, en su mayoría de origen industrial o semiindustrial, se efectúa cerca del meridiano 82 (límite con Nicaragua). Los productos principales son langosta, pargo, mero y caracol pala cuando no se encuentra en veda. El más importante caladero de langosta, conocido como "luna verde" o "tres esquinas", es un sitio formado por los límites de Colombia, Honduras y Nicaragua. La langosta y el caracol básicamente se comercializan en los Estados Unidos.

En su mayoría, los pescadores artesanales se encuentran vinculados a alguna de las tres cooperativas. Sus lanchas son de fibra con motor fuera de borda. El arte que más usan es la línea de mano. Sus sitios de pesca se encuentran a unos 5 ó 10 minutos de la playa, o a 2 horas cuando salen a los cayos.

En las playas cercanas, con línea de mano y buceo con arpón, pescan saltona, bonito, sierra, barracuda, cherna y pargo. También sacan cangreja, caracol pala y langosta con buceo. Casi no usan la nasa como método de pesca.

Cuando realizan la pesca en los cayos capturan las mismas especies, pero en mayor cantidad, aunque sacan poca langosta porque se encuentra a mucha profundidad. El tiempo afuera puede ser de hasta 7 días, dependiendo de lo que dure el hielo. Llevan provisión de arroz y aceite para varios días, y no les falta el ñame, la yuca y la batata. Durante la faena preparan pescado frito, guisado y en rondón. El pargo es el que más les gusta.

El buceo a pulmón lo practican de día, bajando unos 20 ó 25 metros, y con una duración de 1 ó 2 minutos por inmersión.

En marzo sale mucha saltona, en junio mero y en diciembre sierra. Con luna llega el jurel. Las vedas de la langosta y el caracol son respetadas por los pescadores. Comercian sus productos a través de las cooperativas, las que a su vez lo distribuyen principalmente en el mercado local de restaurantes y hoteles, y a otros comerciantes. El pescado lo venden o consumen siempre fresco. No lo ahúman, y la tradición de sus antepasados del pescado salado se ha extinguido totalmente.

A diferencia de San Andrés, en Providencia y Santa Catalina son muy pocos los pescadores que se encuentran cooperados. Las embarcaciones son de madera, con motor fuera de borda. Hace tiempo superaron la navegación de vela. El área de pesca está conformada, además, por Roncador, Quitasueño, Serrana y Serranilla. Practican pesca diurna y nocturna La comienzan a las 5 a.m. buscando bonito para carnada, lo que les toma 1 ó 2 horas; luego, llegar al sitio de pesca les toma 1 ó 2 horas más. El hielo lo llevan en cajones de fibra.

La principal pesca es usando línea de mano con 8 ó 10 anzuelos. También practican el buceo y la nasa. El producto más buscado es el pargo, porque es el que tiene mejor mercado.

SEGUNDA PARTE

Técnicas de pesca; conservación y cortes; presentación de los productos

Alejo Santamaría
Pescadores
Óleo, 1979
Col. Teresita Román de Zurek

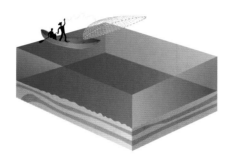 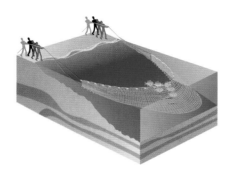

1 ARTES DE PESCA

Los artes de pesca se usan de acuerdo con la configuración de las costas y de los pescados y mariscos que las habitan. Fundamentalmente se dividen en anzuelos, redes y nasas. También se encuentra la recolección manual por medio de buceo, por lo general a pulmón.

Los artes y métodos artesanales son los más primitivos, y de éstos derivan otras formas de pesca más evolucionadas y complejas, como son la pesca deportiva y la industrial.

La pesca artesanal en Colombia usa artes relativamente económicos y presenta capturas bajas, por lance o faena. Casi todos los pescados de nuestro país son susceptibles de ser capturados en forma artesanal, salvo los de pesca de altura que requiere de embarcaciones con mayor capacidad y autonomía.

REDES

Atarraya

Red arrojadiza maniobrada por un solo pescador desde la orilla, o desde una canoa. Se utiliza en aguas someras, en ciénagas, bahías, esteros, ensenadas, etc. Es una malla pequeña de unos de 3 a 5 metros de diámetro. Entra en el agua ya abierta, y llega hasta el fondo por el peso de plomos.

Con este arte se captura lisa, lebranche, mojarra y en general, peces pequeños que muchas veces se usan como carnada.

Chinchorro

También se conoce como boliche. Es un tipo de pesca de playa, de arrastre, con intervención de unas 14 ó 16 personas: uno de sus extremos se deja en la playa, y con la ayuda de una embarcación se encierra un espacio, llevando el otro extremo a la playa, donde luego se cobra y se recogen los productos que caen en la bolsa.

Su tamaño varía entre 60 y 100 metros de largo. En la parte superior lleva una línea de flotadores de balso, y en la inferior una línea con plomos, que bajan la red hasta el fondo.

Con este arte se pesca camarón, róbalo, mojarra, pargo, lisa, lebranche y jurel, entre otros.

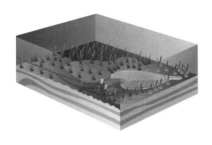

Pesca de arrastre

Especializada en la pesca de camarón. Esta práctica artesanal se conoce con el nombre de "changa", en el Pacífico, particularmente en el área de Tumaco. Llevan dos cables sobresaliendo por la popa cuyos extremos se amarran a la red. Ésta se cobra mediante tambores accionados con el motor de la embarcación.

Embarcaciones de mayor tamaño y autonomía llevan a cabo la captura de langostinos y camarones, clasificada como pesca industrial.

Pesca de cerco

Se practica en mar abierto, con pesca artesanal e industrial. Consiste en una red tendida por una o dos embarcaciones, rodeando el banco de peces y encerrándolos dentro de un cerco.

La pesca industrial del atún utiliza tecnología satelital, grandes embarcaciones, y en algunos casos un helicóptero para coordinar la maniobra de cerco. El satélite comunica a la embarcación la ubicación del banco, el área que ocupa, la temperatura del agua, las corrientes, la magnitud y distancia en millas y tiempo del banco.

Trasmallo

Se conoce también como red agallera, porque el pez queda atrapado en ella por sus agallas o branquias. Unas veces es estática, tendida cerca de la orilla, amarrada a unos palos dispuestos verticalmente, y en otras ocasiones se deja flotando a la deriva. Consiste en una red que hace las veces de cortina, invisible a los ojos del pescado. En la parte superior consta de una línea de flotadores, y en la inferior de plomos que mantienen extendida la red.

Suele tenderse al atardecer, se revisa periódicamente en la noche y se levanta en las primeras horas de la mañana. En ocasiones, si los pescadores se tardan para recoger los peces ya muertos, su calidad se deteriora.

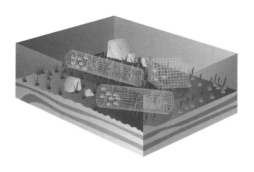

Trampas o nasas

Son jaulas que se posan en el lecho marino, en las que se introduce una carnada. El acceso a estas trampas es fácil, y su salida prácticamente imposible. Se utiliza en especial en sitios rocosos o coralinos que no permiten el uso de redes, ya que se estropearían.

Se usa mucho en La Guajira, en las islas del Rosario y de San Bernardo, y en San Andrés y Providencia, para la pesca de langosta, jaiba, cangreja, pargo, mero y en general, de peces típicos de arrecifes coralinos.

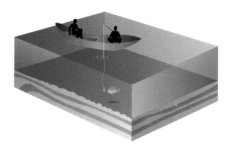

ANZUELOS

Los peces capturados con anzuelos son de alta calidad, ya que por lo general llegan vivos a la playa o embarcación.

Arpón

Es un instrumento de pesca artesanal y deportiva submarina. El más primitivo se lanza manualmente desde la orilla hacia el objetivo. También se encuentra el que se dispara contra la presa mediante sistemas mecánicos o neumáticos. Se practica a pulmón o con tanque. En Colombia, este sistema se usa para capturar mero, pargo, medregal, langosta, entre otros.

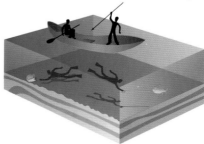

Buceo

Práctica artesanal o deportiva, a pulmón o con tanque (autónoma). La captura se realiza manualmente, sobre todo de langosta, caracol pala y cangreja.

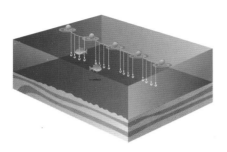

Palangre o espinel

Está compuesto por una línea principal que puede alcanzar varios kilómetros de longitud, que soporta numerosos alambres que terminan en anzuelos, Los extremos de las líneas están sostenidos por una boya, si es vertical, o por varias si se tiende horizontalmente.

Puede ser instalado en aguas someras, medias o en el fondo. Los pescados capturados con este arte normalmente son de alta calidad: atún, dorado, pargo, mero, jurel, bravo, corvina, entre otras especies.

Captura manual

Es una pesca de playa en la que se capturan almejas y chipi chipi, y en el manglar, ostras y pianguas.

Sedal, línea de mano o "yoyo"

Se utiliza una línea sencilla, con uno o varios anzuelos, con carnada viva o muerta. Con este sistema se practica pesca de orilla, de profundidad y de altura, y se captura, ente otros, sierra, pargo, mero, medregal, corvina, tiburón y atún.

La caña con carrete, que se asimila a esta forma de pesca, se utiliza mucho en la práctica deportiva.

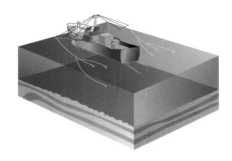

Correteo o curricaneo

Puede ser de superficie, el más común, o de aguas medias usando plomadas. El de superficie se practica desde una embarcación con el motor a media marcha, con el sedal extendido casi horizontalmente, con carnada natural o señuelos como cucharas o plumas.

Con este sistema se capturan peces pelágicos como dorado, atún, sierra, vela, etc. Es otra forma clásica de pesca deportiva.

Pesca con luz

En Colombia se practica sobre todo en la bahía de Santa Marta y en Taganga, donde, para atraer los pescados durante la noche, los pescadores usan lámparas incandescentes de gasolina que sitúan sobre una base asegurada al mástil. Los capturan con línea de mano que lleva hasta 4 anzuelos con pequeños peces como carnada.

Poteras

Se usan exclusivamente para la pesca del calamar. Se trata de una línea que lleva numerosas ganchos (poteras) de colores vivos, que se asemejan a los anzuelos.

La calidad de los pescados frescos o descongelados es fácil de identificar: los ojos deben estar brillantes, su carne debe ser turgente, y si tiene agallas deben ser rojizas, no pálidas. Pero sobre todo, el producto total debe tener buena apariencia, y en ningún caso olor desagradable.

Conservaciones primigenias fueron el seco, el seco salado y el ahumado. Con estas técnicas conseguían preservar los productos durante varios meses. Aunque la implementación del hielo, los equipos de refrigeración y los de congelación se impusieron de manera contundente, hoy continúan usándose, en menor medida, sobre todo por el arraigo de sabor que consiguieron a través del tiempo.

En el caso del ahumado, éste permite giros en el sabor, tanto por la distancia a la que se coloca el producto, de la fuente de calor, como por el tiempo de ahumado, el tipo de madera, la salmuera o los condimentos que se le apliquen. Sin embargo, en lo que respecta a pescados y mariscos, en Colombia la práctica se relega a procesos artesanales y a restaurantes para elaboraciones *gourmet*.

Pescado fresco

Se conoce con este nombre al que no ha sido congelado y se ha mantenido refrigerado desde su captura, ya sea con hielo o equipos, a una temperatura entre los 0° y los 4°C.

Cuando se captura el producto, debe ser eviscerado rápidamente, y ojalá lavado y desinfectado. Se debe conservar en hielo, alternando capas de hielo en escama con capas de pescado, una sobre otra, terminando con una de hielo. Esto es muy apropiado porque lo mantiene hidratado, pero el deshielo no se debe dejar empozar porque lo ablanda y le resta calidad. En algunos casos, como en el atún, es preciso desangrarlo en la misma embarcación, cortando la cabeza e izándolo por la cola.

Esta es la manera más natural de conservar y consumir el producto. Si se realizan todos los procedimientos apropiados, el tiempo de vida oscila entre los 8 y los 14 días, según la especie. Como es obvio, mientras más rápido se consuma mayor será su frescura.

El principal inconveniente del pescado fresco, sobre todo en un país con poco recurso de pesca, es que se escasea con facilidad. Los temporales, el mar de leva, las temporadas turísticas, etc., conspiran contra un suministro estable.

Pescado congelado

Se dice que casi todos los pescados congelados, con los procedimientos y técnicas apropiados, son tan buenos como el fresco.

Antes de congelarlo es preciso observar los mismos pasos que para el pescado fresco, ya que si bien la congelación mantiene casi intactas las características, en ningún caso las mejora.

El producto debe llegar ya frío a la cámara de congelación, y allí ser llevado a una temperatura por debajo de los -4°C, en menos de 3 horas. En la actualidad se cuenta con equipos que realizan congelación prácticamente instantánea, y esto produce una excelente calidad y eficiencia en las salas de proceso.

Si la congelación es lenta, por ejemplo a temperaturas más altas de -20°C, al contraerse las células por efecto del frío dejan salir los jugos y nutrientes, que se "depositan" entre una y otra célula. En cambio, si la congelación es rápida, los jugos y nutrientes se congelan dentro de la célula, manteniendo su jugosidad.

El producto ya congelado debe mantenerse a temperaturas inferiores a -24°C y puede durar hasta por 18 meses conservando sus propiedades. Esta es, quizá, la principal fortaleza de esta técnica de conservación, ya que facilita la continuidad de suministro a lo largo del año.

Descongelación

La forma de descongelar es muy importante. La más conveniente es pasar el producto a refrigeración desde el día anterior al de su uso. También puede hacerse "al natural", descongelando a temperatura ambiente. Si se realiza en tierra caliente, luego de descongelarlo y cuando todavía esté frío, debe llevarse a la nevera hasta el momento de prepararlo.

3 - CORTES Y PRESENTACIONES

PESCADOS

A   Entero con víscera

Esta presentación es frecuente en barcos que cuentan con congelación a bordo y que capturan grandes cantidades por lance. De esta manera no tienen que invertir tiempo precioso, que requieren para pescar, en la cuidadosa tarea de eviscerarlos. Ya en plantas especializadas, en tierra, se procede a retirar las vísceras, si el pescado o el mercado lo requieren.

Es recomendable comprar el pescado fresco, con vísceras, cerca de los sitios de captura o desembarco, y revisar la calidad, ya que las entrañas aceleran el proceso de descomposición.

Según la especie, las vísceras pueden representar entre el 8% y el 12% del peso del ejemplar.

B   Entero sin víscera

Es la forma más frecuente, y en general la más apropiada de presentar los pescados. La manera más usual consiste en practicarle al pescado un corte a lo largo del vientre, por donde se extraen las entrañas, y luego, por higiene y calidad, es conveniente lavar bien la cavidad ventral con agua muy fría. Los pescados de peso superior a 1 kg suelen ser fileteados o posteados, según la especie. Los de peso inferior normalmente se consumen enteros. En Colombia es frecuente denominarlos como "plateros", porque pueden ser servidos en los platos o bandejas de uso frecuente en los hogares.

Para la preparación de un pescado platero, bien frito, a la plancha, parrilla o al horno, es necesario practicarle, de acuerdo con su tamaño, de 1 a 3 cortes transversales sobre los flancos, que lleguen hasta el hueso o espina dorsal. De esta manera el adobo y el calor penetrarán mejor, y la cocción será homogénea.

C   Descamado

Para descamar un pescado se requiere de un utensilio especial o de un cuchillo poco filoso, con el que se lo raspa desde la cola en sentido contrario a las escamas. Idealmente, éstas deberían ser retiradas donde se obtiene el producto, pero si se efectúa en el hogar puede sumergirse el pescado en un recipiente con agua, para que las escamas no salten sino que queden flotando en el líquido.

D   Entero, sin cabeza ni vísceras

Esta presentación se conoce como H&G, abreviatura del inglés: *headless and gutless*. Es frecuente en pescados que luego van a ser fileteados o posteados en el sitio de destino, porque de esta manera se economiza el transporte de partes que luego serán desechadas.

La pérdida de peso acumulada, desde entero a H&G, puede estar entre el 18% y el 25%, de acuerdo con la especie.

E   Posta o medallón (inglés: steak)

Estas porciones vienen con la espina central y la piel, lo que las hace un poco menos costosas que los filetes. Se podría decir que es una presentación intermedia entre entero y filete.

Se practican varios cortes transversales, de 2 a 4 cm, con sierra eléctrica cuando el pescado está congelado, o con cuchillo y mazo para propinar el golpe, especialmente en los pescados frescos.

Esta presentación es frecuente en los pescados redondos como la sierra, el bagre y el pez espada, entre otros. También se practica en el sábalo, el pargo y el salmón. Si el pescado tiene escamas, deben ser retiradas antes de la operación de posteo. La merma acumulada, desde pescado entero, puede estar entre el 25% y el 35%.

F   Mariposa

Se retira la espina central y las aletas; se pueden dejar la cabeza y la cola. Es usual en pescados pequeños como la trucha y la lisa. En piezas que luego van a ser sometidas a procesos de salado o ahumado, por lo general se abren a lo largo y se deja la espina dorsal pegada en alguno de los costados ("relajado").

Es también una presentación muy apropiada para los pescados que se van a rellenar. Por ejemplo, un pargo rojo de unas 4 a 6 libras, con corte mariposa, dejando cabeza y cola, descamado, es magnífico para rellenar.

G   Filetes

Es la porción 100% comestible de un pescado, porque no tiene cabeza, cuello, espina central, otras espinas, cola ni, en muchos casos, piel. Se puede estimar que de un pescado entero, el 50% es comestible. Como excepciones se pueden destacar la tilapia (sólo el 33%) o en la trucha y el salmón (alrededor del 65%).

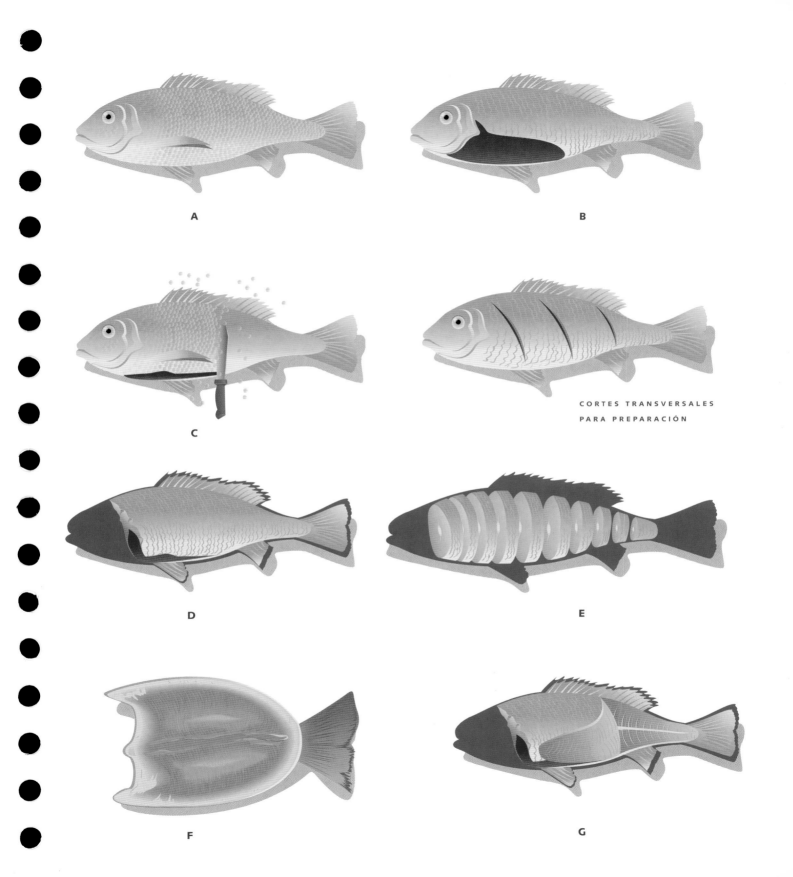

A

B

C

CORTES TRANSVERSALES
PARA PREPARACIÓN

D

E

F

G

CRUSTÁCEOS

Camarón y langostino

En nuestro medio, y también en otros países, se llama langostino al camarón grande y al pequeño, simplemente camarón. En el mercado se consigue IQF *(Individual Quick Frozen)* o emplaquetado *(Block Frozen),* entero con cabeza; colas con cáscara, cocidas o crudas; pelado con o sin vena, cocido o crudo, con o sin cola.

Enteros con cabeza

Esta presentación es similar a la de las gambas españolas. Es la más económica, ya que se aprovecha todo el producto. Debe mantenerse con buena congelación porque la cabeza propicia la aparición de melanosis y deterioro de la textura de la cola.

En el mercado el camarón se encuentra ya clasificado de acuerdo con el número de unidades que conforman un kilogramo. Así, la talla 10/20, por ejemplo, indica el número de piezas que pesan 1000 gramos.

Colas con cáscara

Se trata de camarón sin cabeza. Es la presentación más usual del langostino, ya que por su tamaño no resulta muy dispendioso pelarlo y desvenarlo. Sin embargo, el camarón también es frecuente en esta presentación, especialmente el de mayor talla. La clasificación expresa la cantidad de unidades que contiene una libra de 454 gramos. Por ejemplo, el 16/20 debe tener entre 16 y 20 unidades en una libra americana.

En general, se asumen como langostinos los de tallas U-8, U-10, U12, U15, 16/20, 21/25 y 26/30. Camarones grandes son el 31/30, el 41/50 y el 51/60. Camarones medianos son el 61/70, el 71/80 y el 91/110 (lo que en nuestro medio se llama "tipo tigre"). A partir del 110 en adelante, se considera camarón pequeño y tití.

Usualmente se pela con la mano, abriendo la cáscara (concha) desde la paticas, en su parte inferior. Por último, con la ayuda de un cuchillo pequeño, se practica un corte superficial en el lomo del camarón y se le retira la vena que se encuentra a lo largo del lomo. También se puede remover la cáscara con la ayuda de tijeras, cortando en el lomo, desde la parte más gruesa hacia la cola.

Para las preparaciones a la parrilla es usual un corte conocido como *easy peel*, que consiste en cortar la cáscara por el lomo y no retirarla. Ésta se tuesta y preserva la carne del calor directo. Luego, al comensal le resultará fácil retirarla con tenedor y cuchillo.

Colas limpias

Son colas a las que se les han retirado las cáscaras. Son usuales en camarones y pueden encontrarse crudas, muy apropiadas para el mercado de restaurantes y hoteles, o también cocidas, que se conocen también como "camarón ceviche", especialmente en los supermercados.

Cuando un camarón se pela, disminuye en una talla, y si además se cocina y desvena, se corre otra talla. Así, si una cola de camarón 31/35 se pela, se convierte en un 36/40; y si luego se cocina, pasa a tener un conteo por libra de 41/50.

En el camarón o langostino, la presentación mariposa consiste en hacerles un corte profundo a lo largo del lomo, para que queden abiertos, cuidando que no se partan en dos.

Cuando se le deja la cola unida al último segmento de la cáscara, se denomina pelado con cola, o *tail on*.

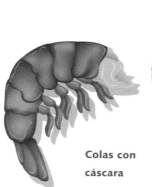
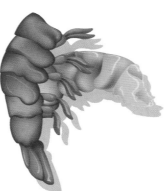

Colas con cáscara

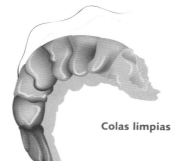

Colas limpias

CORTE MARIPOSA

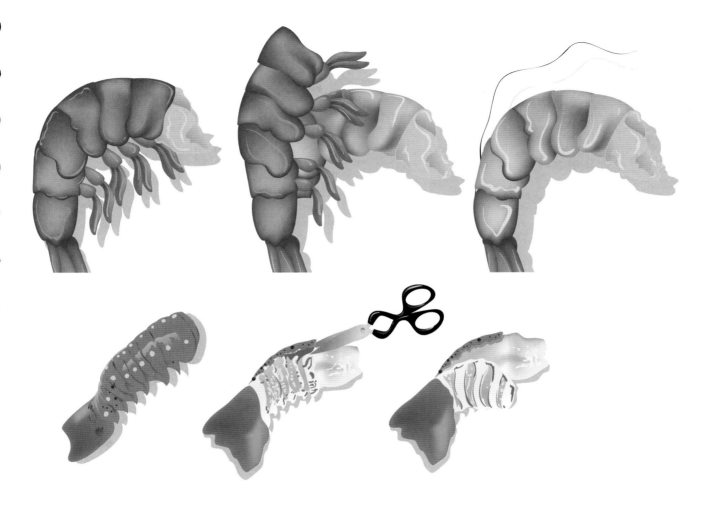

Langosta

La langosta entera se debe partir longitudinalmente por la mitad, con la ayuda de un cuchillo y, si fuera necesario, también con un mazo. Debajo del chorro de agua se retira el hepatopáncreas de la cabeza (parte viscosa que se desprende sola), y se utiliza el resto de la carne.

Si se quiere usar la carne de la cola entera, su porción comestible de mayor importancia gastronómica, con la ayuda de unas tijeras de cocina se retira la membrana inferior y entonces la carne se separa de la cáscara. Luego por lo general se corta en medallones transversales o en cubos. Una segunda forma de retirar la carne, siempre que no se requiera entera, es partiendo la cola longitudinalmente por el lomo, con un buen cuchillo.

Y como tercera opción, la cola sin pelar se corta transversalmente con un cuchillo, obteniéndose anillos con cáscara.

Las colas representan la tercera parte del peso total de la langosta. Así, una langosta de 600 gramos produce una cola de 200. A su vez, cuando la cola se saca de la cáscara pierde adicionalmente el 10%.

La talla de colas se expresa en el mercado por onzas: 4, 5, 6, 7, 8, 9, 10, 10/12, 12/14, 14/16, 16/20 y 20 en adelante. Una cola de talla 8 pesa 225 gramos aproximadamente

Cangrejo

Limpiar la jaiba y el cangrejo es, en general, una tarea muy dispendiosa. Por esto se recomienda comprar la carne ya extraída.

En el mercado se encuentra una mezcla de carnes de jaiba, o de cangreja, congelada, a la que normalmente se le deben retirar los cartílagos y algunos residuos de cáscara. Las muelas de la jaiba son relativamente grandes. Las de la cangreja son de mayor tamaño, semejantes a las del *king crab* o bogavante de los mares fríos del norte. En el caso de la jaiba, la de mejor calidad se encuentra en el mercado enlatada, refrigerada-pasteurizada. Estas condiciones permiten preservar su textura y sabores naturales. Es totalmente limpia de cartílago, y se clasifica como: *jumbo, lump, especial, claw*. Las muelas, que reciben el nombre de *coctel claw*, son pequeñas, jugosas y vienen limpias y listas para consumir. Si no se tienen a mano las pinzas especiales para partir las muelas, una botella de gaseosa vacía tiene el peso y la consistencia precisa para propinarle a las muelas el golpe preciso para no malograrlas.

MOLUSCOS
Calamares Loligo e ílex

Cada vez es más fácil encontrar estos calamares en el mercado, en una presentación que se adecua perfectamente al plato que se desea preparar.

Entero

Para limpiarlo, la cabeza se separa del cuerpo. El tubo, que en el calamar es la parte principal, se limpia extrayéndole todo el contenido intestinal. Se debe tener cuidado de no romper la bolsa de tinta para no manchar el tubo, de por sí muy blanco. Por último, hay que lavarlo y retirar la piel.

Para aprovechar las coronas, se le retira el pico a la cabeza y se corta un poco por debajo de los ojos.

Limpios

T&T, tubo y tentáculos: en esta presentación el producto se ofrece sin vísceras ni piel, con las aletas, y los tentáculos sin pico ni ojos (corona). Resulta conveniente cuando las coronas (tentáculos) se usarán en la preparación de sopas, platos mixtos, rellenos, etc. El tubo se maneja según el requerimiento de la receta.

Tubo: adicional a la limpieza que se aplica en la presentación anterior, en ésta las aletas vienen separadas del tubo. Aunque es un poco más costosa, ofrece un tubo listo para rellenar o cortar en anillos.

Anillos: resultan de cortar los tubos transversalmente, y se aprovecha el 100% usando un mínimo de mano de obra. Los anillos se pueden preparar apanados y como acompañamiento de platos mixtos.

Coronas

Son los tentáculos ya limpios y listos para consumir. Además de ser tan sabrosas como el tubo, son muy decorativas y constituyen la parte más económica del producto.

Tinta

Se ofrece en bolsas pequeñas. Aporta sabor y se usa para preparar calamares en su tinta, arroz negro y *risotto*, entre otros platos.

Si se quiere aprovechar la tinta al limpiar calamar entero, la bolsita que la contiene se puede reservar en un poco de vino blanco. Cuando se tenga una cantidad razonable, se aplastan con una cuchara y luego se cuela.

Pulpo

Su mejor parte son los tentáculos. Normalmente se encuentra limpio. Si se consigue entero, es preciso hacerle un pequeño corte en la cabeza y extraerle todo su contenido, retirarle los ojos y el pico.

Para ablandarlo se recomienda colocarlo al fuego en una olla con poca agua, tapada. Según el tamaño, esto puede tomar entre 20 y 90 minutos. Para verificar el punto de cocción se introduce un palillo en la carne: si entra con suavidad, está en su punto.

De 1.000 gramos de pulpo crudo se obtienen unos 500 g (2 tazas) de pulpo cocido y troceado.

Calamar pota

Este calamar, cada vez más frecuente en el mercado, se conoce también como calamar blanco. Se encuentra en tubos limpios de 3 a 10 kg, o más. También se ofrecen sus tentáculos, llamados cabeza de calamar, que por su gran tamaño suelen ser reemplazados por el pulpo. Últimamente se están produciendo anillos, troquelados, sacados del tubo, y por consiguiente resultan muy gruesos.

Es frecuente su presencia en platos mixtos. Además, se han desarrollado preparaciones que lo usan como ingrediente principal.

Caracol pala

Se puede conseguir en filete limpio, lo que no genera mano de obra ni desperdicio. Cuando se obtiene fresco, recién salido del mar, la manera más apropiada de ablandarlo es golpeándolo firmemente con un mazo hasta que su tamaño se duplique. Si está congelado es preciso someterlo a una cocción prolongada, en olla común por 90 minutos, o en olla de presión por alrededor de 30.

De 1.000 gramos de filete de caracol se obtienen alrededor de 500 gramos (2 tazas) de cocido y troceado.

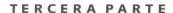

TERCERA PARTE

Fichas técnicas de algunos pescados y mariscos colombianos

HAY TANTAS ESPECIES que habitan los mares colombianos que sería imposible reseñarlas en su totalidad a través de fichas técnicas.

En esta sección se incluyen aquellas especies del Caribe y el Pacífico colombiano que tienen mayor importancia comercial y gastronómica, aunque algunas no hayan recibido, aún, el reconocimiento debido. Es el caso del atún, que apenas se comienza a valorar en una presentación diferente al enlatado, o el de la piangua del Pacífico, que sólo se aprecia en el ámbito regional, y se envía casi totalmente a Ecuador donde se estima como un precioso manjar.

Se excluyeron algunas especies, importantes en Colombia y en otros países, porque en algunos casos están severamente diezmadas, y en otros no se les practican, desde su extracción, adecuados procesos de conservación. Es el caso de la exquisita mojarra de la Ciénaga Grande, de la que sólo se consiguen bajas cantidades en tallas demasiado pequeñas.

Por su parte, como es crítico mantener algunos pescados como el vela, el espada, el marlin y otros pelágicos, frescos hasta su consumo, en el mercado colombiano sólo se encuentran congelados. Lo mismo ocurre con la almeja, que aunque se debería comercializar fresca para aprovechar sus formidables jugos con sabor a mar, actualmente se ofrece congelada, lo que "limita" su uso en platos mixtos.

En las fichas técnicas se incluye una presentación gastronómica de cada producto, y algunos aspectos inherentes a la biología, captura, procesamiento y rendimiento de 22 especies, agrupadas por sus características esenciales. Los pescados se dividieron en blancos y azules, y los mariscos en crustáceos y moluscos.

PESCADOS MAGROS-BLANCOS

Estos productos cuentan con un contenido graso inferior al 3%; su sabor es delicado y no existen diferencias muy marcadas entre ellos. Se pueden preparar de todas las formas conocidas: al horno, a la plancha, asados en parrilla, salteados, fritos, etc. Casi todos los ingredientes les resultan adecuados, incluso los que confieren mucho sabor.

Por lo general son especies territoriales, de poco movimiento, que viven en la plataforma continental.

El mercado colombiano se ha visto enriquecido con algunos filetes blancos importados, de muy buena calidad, excelentes condiciones gastronómicas y precio alto, como los de congrio dorado, de *orange roughy* y el *turbot*. También el de perca, conocida como róbalo del Nilo, que en ocasiones resulta más económico que otros filetes finos nacionales.

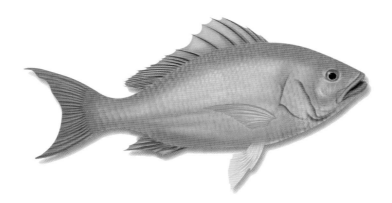

PARGO

Hace presencia en nuestros mares con un gran número de especies, casi todas de excelente sabor y textura, muy importantes en la gastronomía caribeña y también del interior del país.

Las especies más finas de nuestros mares son: pargo rojo (Caribe), lunarejo (Caribe y Pacífico); chino (Caribe); saltona (Caribe); rubia (Caribe); pluma (Caribe); manglero (Caribe y Pacífico). También está el mandilus, muy frecuente en San Andrés, especial para filete.

Nombre científico: *Lutjanus spp.*
Familia: *lutjanidae.*

Otros nombres y especies

Español: pargo
Guachinango (en otros países)
Inglés: *snapper*
Francés: *pagre*

Distribución y hábitat

Caribe y Pacífico: vive en diferentes hábitats que van desde manglares hasta profundidades de 10 a 200 m en la zona de la plataforma continental, en fondos blandos, en áreas rocosas y en arrecifes.

Es un pez tropical, que vive a lo ancho del planeta, en todo el segmento ecuatorial. Es muy abundante en el Caribe, donde cuenta con varias especies, y también en el Pacífico.

Forma de pesca

Principalmente con anzuelo de mano (sedal) o con palangre, y también arponeado y con nasas.

Temporada de pesca

Gracias a la variedad de especies se captura todo el año, pero su pesca está asociada con la temporada de lluvias, durante los meses de abril, mayo, octubre y noviembre.

Presentación comercial

Fresco: entero, posta y filete con piel; congelado: entero, posta y filete con piel.

Tamaños frecuentes y rendimiento

Según la especie se pueden obtener con un peso que varía desde ½ libra hasta 8 y 10 kg.

De entero sin víscera a posta, rinde 70%.

De entero sin víscera a filete, rinde 50%.

Sabor

Suave

Textura

Mediana

Bromatología

Por cada 100 g de sustancia comestible:

proteínas: 20 g; grasas: 2, 6 g; calorías: 110

Métodos de cocción

Horno, plancha, parrilla, salteado, frito, escalfado, vapor.

Sustitutos

Todos los pargos, mero, corvina, róbalo, brótula.

Comentario y recomendaciones

El pargo "platero" es relativamente escaso y de mucha demanda. En 100 kg que se capturan, unos 80 son de peso superior a los 2 kg. Por esto, si para el consumo de este pescado se diseñan platos cuya presentación sea en posta o en filete, la porción comestible resultará más económica.

54

MERO, CHERNA Y CABRILLA

Se trata de peces grandes con una carne de excelente calidad. Produce un filete de alto precio. Esta familia es propensa a los parásitos que se incrustan en la carne del animal, similares a un "gusanito" blanco, pero totalmente inocuos si han sido congelados o cocidos con calor.

Nombre científico: *Epinephelus spp.*
Familia: *Serranidae.*

Otros nombres y especies

Español: mero, cabrilla, ambulú, guasa, cherna, cabrilla, murique moteado (en otros países).

Inglés: *grouper*; francés: *mérou.*

Distribución y hábitat

Caribe y Pacífico: esta familia tiene más de 300 especies, que habitan principalmente los mares tropicales y las aguas templadas, en fondos rocosos, cuevas, grietas y arrecifes. Debido a su conducta altamente territorial, raramente abandonan su guarida. Esta especie vive a lo ancho del planeta, en el segmento tropical. En América se encuentran en los dos mares, desde los estados intermedios de los Estados Unidos hasta Perú, en el Pacífico, y hasta Brasil medio, en el Atlántico.

Forma de pesca

Principalmente con anzuelo de mano (sedal) o con palangre (long line) y arponeado.

Presentación comercial

Fresco: entero, H&G, y filete sin piel; congelado: filete sin piel.

Temporada de pesca

Todo el año.

Tamaños frecuentes y rendimiento

Los meros pueden oscilar entre los 5 y los 50 kg, con un peso medio de unos 12 kg. Las chernas suelen ser de menor tamaño, entre los 2 y los 6 kg. El mero "guaza" puede llegar a pesar 200 kg. De entero sin víscera a filete, rinde 45%.

Sabor

Suave. La mayoría cuenta con sabores y texturas similares, con pequeñas diferencias, dependiendo del tamaño, la especie y el lugar de captura.

Textura

Firme.

Bromatología

Por cada 100 g de sustancia comestible:
proteínas: 19 g; grasas: 1 g; calorías: 0

Métodos de cocción

Horno, plancha, parrilla, salteado, frito, vapor.

Sustitutos

Róbalo, corvina, pargo y brótula.

Comentario y recomendaciones

Los filetes que provienen de meros demasiado grandes (de más de 20 kg) resultan fibrosos y duros. Los filetes grandes deben ser cortados en estilo mariposa antes de ponerse a la plancha, debido a su grosor. También se puede usar en pinchos o en sopas. El grouper rojo (cherna) es más dulce y suave que el negro, por lo que algunos lo consideran mejor.

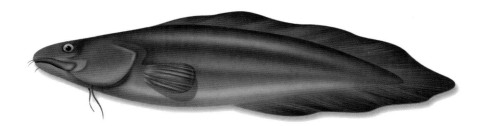

BRÓTULA ROSADA

Esta especie es, quizá, la que mejor representa a los filetes finos del Pacífico colombiano. Durante los últimos 30 años ha sido protagonista de excepción en los mejores restaurantes del país, y en las neveras de supermercados y pescaderías. Se la ha denominado de diversas maneras, pero no con su verdadero nombre, y por esto se ha constituido en una "ilustre desconocida".

Nombre científico: *Brotula clarkae*.
Familia: *Ophidiidae*.

Otros nombres

Español: merluza, róbalo, róbalo del Pacífico, corvina de roca, corvina de roca, corvina colorada, culifloja, congrio con escamas, congrio colorado, congrio rosado (en otros países)
Inglés: *pink brotula, king clip*.
Francés: *brotule rosée*.

Distribución y hábitat

Pacífico: vive en contacto con el fondo del mar, en fondos blandos, en profundidades de 60 a 100 m. Se alimenta de peces y pequeños crustáceos y moluscos. Se captura desde el golfo de California hasta Perú.

Forma de pesca

Artesanal, con línea de mano y palangre de profundidad, y como fauna acompañante de la pesca de camarón.

Temporada de pesca

Principalmente desde octubre hasta abril.

Presentación comercial

Fresco: entero, H&G y filete sin piel
Congelado: filete sin piel.

Tallas frecuentes y rendimiento

Se capturan ejemplares desde 3 hasta 10 y 15 kg.
De entero sin víscera a H&G, rinde 90%.
De H&G a filete, rinde 70%.

Sabor

Moderado.

Textura

Delicada.

Bromatología

Por cada 100 g de sustancia comestible:
proteínas: 18, 3 g; grasas: 0, 8 g; calorías: 0

Métodos de cocción

Horno, plancha, parrilla, salteado, frito.

Sustitutos

Róbalo, corvina, mero, pargo.

Comentario y recomendaciones

Aunque es un excelente pescado, por su textura un poco tierna no se recomienda para ceviches o cocciones prolongadas.

CORVINA

En Colombia hay numerosas especies y algunas de ellas sólo alcanzan un peso máximo de 1.200 g, como la "pelada" del Pacífico. En ambos mares habita la corvina de escama (amarilla), que es muy apetecida y de alto precio.

Nombre científico: *Cynoscion spp.*
Familia: *Scianidae*.

Otros nombres y especies

Español: pelada, peladilla, corvina de escama, pacora, maríacano, marulanga (en Colombia) coli-amarilla, ayanque, cachema, curvina, curvinata (en otros países).

Inglés: *sea trout, croaker*.

Francés: *truite de mer*.

Portugués: *amarella* (en Brasil).

Distribución y hábitat

Caribe y Pacífico: los peces de esta familia viven en aguas costeras de la plataforma continental, estuarios y lagunas. En Colombia también hace presencia en algunos ríos, como el Amazonas y el Magdalena, y se conoce con el nombre de "burra" o "pacora".

La familia *Scianidae* apareció desde antes de la separación de los continentes. Por esto se encuentra prácticamente en todas las latitudes y altitudes del planeta.

Forma de pesca

Con anzuelo, red "agallera", chinchorro y como fauna acompañante de la pesca de arrastre del camarón.

Temporada de pesca

Todo el año.

Presentación comercial

Fresco: entero y filete; congelado: entera la pequeña y en filete.

Tamaños frecuentes y rendimiento

La sobrepesca ha ocasionado la disminución de su talla promedio. Es frecuente capturar piezas que tengan desde 200 g hasta 3 kg. La corvina de escama oscila entre los 5 hasta los 30 kg, especialmente en el Pacífico.

De entero sin víscera a filete, rinde 55%.

Sabor

Moderado.

Textura

Mediana.

Bromatología

Por cada 100 g de sustancia comestible:
proteínas: 18, 3 g; grasas: 3, 3 g; calorías: 0

Métodos de cocción

Horno, plancha, parrilla, salteado, frito, escalfado, vapor.

Sustitutos

Róbalo, brótula, pargo y mero.

Comentario y recomendaciones

Para prepararla en ceviche se recomienda usar el filete de la corvina de escama, porque tiene una excelente consistencia.

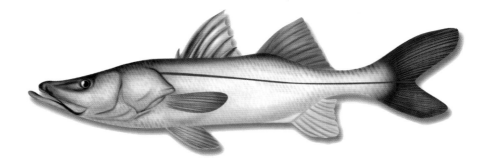

RÓBALO

Es el "rey" de nuestros mares. Su carne, como la de muchos pescados extremadamente finos (bacalao, lubina, salmón, entre otros) presenta lascas o capas. Se valora mucho en la pesca deportiva, y en Estados Unidos es la única forma de captura permitida, con el fin de contribuir a preservar la especie.

Nombre científico: *Centropomus spp.*
Familia: *Centropomidae.*

Otros nombres y especies

Español: róbalo, gualajo, machetajo (en Colombia).
Inglés: *snook.*
Francés: *loup de mer.*

Distribución y hábitat

Caribe y Pacífico: especie demersal, vive en aguas costeras de la plataforma continental y en los estuarios, en especial en aguas tropicales y también subtropicales.

Forma de pesca

Principalmente artesanal, con anzuelo, atarraya, y redes agalleras.

Temporada de pesca

De abril a noviembre.

Presentación comercial

Fresco: entero y en filete; congelado: entero y en filete.

Tamaños frecuentes y rendimiento

La sobrepesca ha disminuido su talla promedio. Es frecuente capturar piezas que tengan entre 1 y 2 libras, como "platero", y de 2 kg en adelante para filete.

De entero sin víscera a filete, rinde 55%.

Sabor

Suave.

Textura

Firme.

Bromatología

Por cada 100 g de sustancia comestible:
proteínas: 19, 3 g; grasas: 5, 1 g; calorías: 0

Métodos de cocción

Horno, plancha, parrilla, salteado, frito, escalfado, vapor.

Sustitutos

Corvina de escama, mero, pargo, brótula.

Comentario y recomendaciones

La especie *undecimalis*, muy propia del Atlántico, es la más fina. En el Pacífico son frecuentes dos especies de róbalo conocidas como "gualajo" y "machetajo", de carne con sabor un poco o y textura un poco "masuda".

LENGUADO

Este producto es extremadamente fino, muy reconocido en la gastronomía internacional. En Colombia no es muy conocido, esto hace que tenga precios relativamente económicos.

Se trata de un pez plano que vive posado sobre la plataforma, de esta manera el ojo que correspondería al costado inferior le resulta totalmente inservible y migra, quedando con los dos ojos en el mismo lado. Su talla, como ocurre en casi todos los mares calientes, es relativamente pequeña.

Nombre científico: *Cyclopesetta querna*.
Familia: *Bothidae*.

Otros nombres

Español: lenguado (en Colombia) lenguado con caninos, zapata, bocado de dios (en otros países).

Inglés: *toothed flounder*.

Francés: *perpeire dentu*.

Distribución y hábitat

En Colombia el dentón se encuentra en el Pacífico. Los peces planos habitan en todos los mares, y en los fríos se consiguen los de mayor talla. Vive en la plataforma continental, en fondos blandos. Se alimenta de crustáceos, moluscos y pequeñas estrellas de mar.

Forma de pesca

Redes de arrastre de fondo, como fauna acompañante del camarón.

Temporada de pesca

Durante todos los meses, a excepción de aquellos en los que hay veda de camarón.

Presentación comercial

Fresco: H&G; congelado: H&G y filete sin piel.

Tamaños frecuentes y rendimiento

Los productos capturados tienen de 150 a 600 g.
De H&G a filete, rinde 60%.

Sabor

Delicado.

Textura

Mediana.

Bromatología

Por cada 100 g de sustancia comestible:
proteínas: 16, 5 g; grasas: 1, 3 g; calorías: 0, 5

Métodos de cocción

Horno, plancha, parrilla, salteado, frito, escalfado, vapor.

Sustitutos

No se conocen, pero ya fileteado, por sus características gastronómicas, se puede asimilar a preparaciones de róbalo, pargo, mero y corvina.

Comentario y recomendaciones

En la presentación H&G resulta demasiado espinoso. Se recomienda obtenerlo en filete. Como nuestro lenguado es pequeño y sus filetes muy delgados, si se prepara salteado, a la plancha o parrilla, sólo debe dejarse por 1 ó 2 minutos en cada lado, para no exceder su cocción. Si se desea frito, lo mejor es apanarlo. En cada ración se deben servir de 2 a 3 filetitos.

El espinazo resultante del fileteo es excelente para hacer fondo de pescado.

SARGO

Es un pescado de carne blanca, "platero", que nos hace recordar a la mojarra de la Ciénaga Grande de Santa Marta.

Nombre científico: *Archosargus spp.*

Familia: *Esparidae.*

Otros nombres y especies

Español: sargo (en Colombia) sargo amarillo.
(en otros países)

Inglés: *Seabream.*

Francés: *Rondeau brème.*

Distribución y hábitat

Caribe: en Colombia es frecuente en La Guajira. Se encuentra desde Nueva Jersey hasta Rio de Janeiro y al este del Golfo de México. Vive en aguas poco profundas, en praderas de pastos marinos.

Forma de pesca

Redes agalleras. No muerde el anzuelo.

Temporada de pesca

Todo el año.

Presentación comercial

Fresco: entero, sin vísceras; congelado: entero, sin vísceras.

Tamaños frecuentes y rendimiento

Los ejemplares capturados tienen de 150 a 800 g.

Sabor

De delicado a mediano.

Textura

Mediana.

Bromatología

Por cada 100 g de sustancia comestible:

proteínas: 21; grasas: 0, 1; calorías: 97

Métodos de cocción

Horno, plancha, parrilla, salteado, frito.

Sustitutos

La mojarra de la Ciénaga Grande, o la "maracaibera" y la palometa del Pacífico, de buen tamaño.

Comentario y recomendaciones

Aunque se consume principalmente frito, y queda muy sabroso, por su carne blanca, su consistencia, y por ser un pescado carnudo, es apropiado para prepararlo de la misma manera que las mojarras y róbalo y pargo platero.

PESCADOS AZULES Y SEMIGRASOS

Los pescados azules cuentan con una proporción de grasa superior al 6%. Los que tienen entre 3% y 6% se clasifican como semigrasos. Para una adecuada nutrición se requiere consumir un porcentaje de grasa libre de colesterol, o ácidos grasos esenciales, que como no son producidos por el organismo, por esto deben ser suministrados en la dieta alimentaria. Los ácidos grasos esenciales son grasas poliinsaturadas, conocidas como omega 3.

El omega 3 contribuye a disminuir los niveles de colesterol y triglicéridos, y a reducir el riesgo de formación de coágulos en la sangre. Es muy eficaz para evitar enfermedades de tipo cerebrovascular y ataques cardiacos; su consumo, en proporciones adecuadas, ayuda a aumentar el rendimiento físico y deportivo. Los pescados, especialmente los azules, son ricos en omega 3.

En el caso de los mares tropicales, por lo general se trata de especies nómadas, que efectúan largas migraciones y por eso requieren contar con reservas energéticas para sus desplazamientos. Viven en la parte superior de los océanos y son alcanzados por los rayos solares, los que le confieren el color azuloso a su piel.

Estos pescados tienen sabor propio, bastante definido y característico. Les resultan adecuadas las preparaciones con ingredientes delicados, que respetan o suavizan su sabor, como los basados en hierbas, los agridulces o los muy "naturales", que son los más frecuentes y también los que más se recomiendan.

En general, por su condición de pescado graso no es conveniente freírlo. A su vez, con cualquier proceso de cocción es recomendable dejarlo un poco crudo en el centro, porque de lo contrario quedará "cauchudo" o seco.

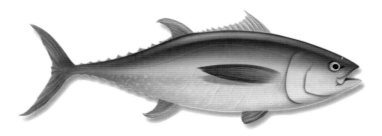

ATÚN ALETA AMARILLA

Sus marcas luminosas lo hacen muy impresionante en la noche. Los pescadores dicen que cuando se lo ve comer, es fácil entender por qué llevan el nombre hawaiano de ahi, que significa fuego.

Nombre científico: *Thunnus albacares*.

Familia: *Scombridae*.

Otros nombres

Español: aleta amarilla (en Colombia).

Inglés: *yellowfin tuna*.

Francés: *albacore*.

Distribución y hábitat

Es el más tropical de los atunes, y abunda en las zonas tropicales de los océanos Pacífico y Atlántico. Lo usual es encontrarlo mezclado con otras especies, en especial con el atún barrilete, generalmente lejos de la costa.

Forma de pesca

En Colombia se captura con redes de cerco, en especial el que se va a enlatar. Cuando se pesca con anzuelo, bien sea con línea de mano o palangre, se maneja fresco, como un producto altamente gourmet.

Temporada de pesca

En diciembre aparecen en Perú. A finales de abril inician la migración hacia el norte y se bifurcan en la costa ecuatoriana. Una parte migra, pasando cerca de la costa por Colombia y Costa Rica, hasta llegar a México. La otra parte toma curso hacia el oeste de Galápagos, para continuar su viaje también hacia Costa Rica y México, pero mar afuera. Luego regresan y pasan por Colombia desde finales de agosto hasta comienzos de noviembre, continuando su viaje hacia Ecuador hasta llegar de nuevo al Perú a finales de diciembre.

Presentación comercial

Para la industria conservera, con víscera y lomos precocidos. Para el mercado de fresco, entero sin víscera y en lomos.

Tamaños frecuentes y rendimiento

En el mercado se encuentra bajo las siguientes clasificaciones, según su peso: de 4 a 7 ½ lb; de 7 ½ a 20 y de 20 en adelante. De entero con víscera a lomo firme precocido, rinde del 35 al 37%. De éstos, del 4% al 5% son flakes, que corresponden a los desprendimientos del lomo, de donde resultan los "lomitos" de atún en conserva. Producto fresco: de entero sin víscera a filete, rinde 50%.

Sabor

Moderado. El aleta amarilla tiene un sabor suave, similar a la carne de res, y en ciertos sentidos al pez espada.

Textura

Firme.

Bromatología

Por cada 100 g de sustancia comestible: proteínas: 23, 8 g; grasas: 23 g; calorías: 124; omega 3: 0, 6 g.

Métodos de cocción

Horno, plancha, parrilla, salteado, ahumado.

Sustitutos

Atún albacora, sierra de Castilla (La Guajira colombiana), pez vela, sierra Wahoo.

Comentario y recomendaciones

Crudo es excelente. Para asarlo a la parrilla es mejor cortar porciones de 3 cm de ancho. El atún requiere de poco condimento. Para un sabor aún más suave, remueva la línea oscura lateral de la carne. Puede mezclar vino blanco con un poco de aceite y azúcar morena, para marinarlo durante 1 ó 2 horas antes de llevarlo a la parrilla.

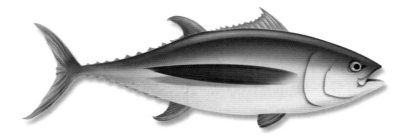

ATÚN ALBACORA

Nombre científico: *Thunnus alalunga.*

Familia: *Scombridae.*

Otros nombres.

Español: albacora, atún blanco.

Inglés: *albacore.*

Francés: *germon.*

Distribución y hábitat

Vive en bancos y como todos los atunes, es altamente migratorio. En el Atlántico el albacora migra hacia el norte, hasta Bahía Biscay. Existe en toda la costa Pacífica oeste, y en las aguas alrededor de Hawai.

Forma de pesca

En Colombia se captura con redes de cerco, sobre todo el que se va a enlatar. Cuando se pesca con anzuelo, bien sea con línea de mano o palangre, se maneja fresco, como un producto altamente gourmet.

Temporada de pesca

En diciembre aparecen en Perú. A finales de abril inician la migración hacia el norte y se bifurcan en la costa ecuatoriana. Una parte migra, pasando cerca de la costa por Colombia y Costa Rica, hasta llegar a México. La otra parte toma curso hacia el oeste de Galápagos, para continuar su viaje también hacia Costa Rica y México, pero mar afuera. Luego regresan y pasan por Colombia desde finales de agosto hasta comienzos de noviembre, continuando su viaje hacia Ecuador hasta llegar de nuevo a Perú a finales de diciembre.

Tamaños frecuentes y rendimiento

El pez puede variar de tamaño, desde las 5 hasta las 100 lb, aunque el peso promedio en el mercado está entre las 30 y las 50 lb.

Fresco, de entero sin víscera a filete, rinde 50%.

Presentación comercial

Fresco: H&G y en lomos; congelado: entero, filete, lomo Conserva: enlatado.

Sabor

Moderado.

Textura

Firme.

Bromatología

Por cada 100 g de sustancia comestible:

proteínas: 25, 2 g; grasas: 7, 2 g; calorías: 172; omega 3: 2, 1 g

Métodos de cocción

Plancha, parrilla, salteado.

Sustitutos

Aleta amarilla, dorado, sierra Wahoo, sierra de Castilla (La Guajira colombiana).

Comentario y recomendaciones

La carne del atún albacora es la más clara de todos los atunes, aunque cuando está cruda puede variar de rojo a rosado. Después de la cocción se torna color hueso, y no es tan firme como la del atún aleta amarilla, por lo que no resulta muy apropiada para preparar sashimi.

SIERRA

En Colombia hay varias especies de sierra, entre ellas la "carite" que tiene pecas amarillas, la Wahoo que es la de mayor tamaño, y la sierra de Castilla o blanca, frecuente en todo el litoral Caribe, que para muchos es la de mejor calidad.

Nombre científico: *Scomberomorus spp.*

Familia: *Scombridae*.

Otros nombres y especies

Español: carite, sierra Wahoo, sierra de Castilla (en Colombia) sierra, carite (en otros países).

Inglés: *mackerel, spanish mackerel, king mackerel*.

Francés: *thasard tacheté, thasard serra* y *thasard franc*.

Distribución y hábitat

Pacífico y Caribe: especie pelágica, vive cerca de la costa. Igual que sus parientes cercanos, los atunes, se desplaza en grandes grupos.

Forma de pesca

Artesanal, con pesca de anzuelo, correteo (trolling), redes agalleras y chinchorro.

Temporada de pesca

Todo el año.

Tamaños frecuentes y rendimiento

Sierrilla, de ½ a 2 lb; sierra carite, de 1 a 4 kg; sierra de Castilla, de 3 a 15 kg; sierra Wahoo, de 5 a 50 kg.

De entera a H&G, rinde 90%.

De entera a posta, rinde 85%.

Presentación comercial

Fresca: entera y en postas.

Congelada: entera y en posta.

Sabor

Intenso.

Textura

Firme.

Bromatología

Por cada 100 g de sustancia comestible: proteínas: 19, 8 g; grasas: 1, 2 g; calorías: 0; omega 3: 1, 37.

Métodos de cocción

Plancha, parrilla, salteado, ahumado.

Sustitutos

Bravo, dorado, atunes.

Comentario y recomendaciones

Salvo para preparaciones específicas, su forma alargada y redonda favorece usarla en postas y no en filete. Es un pescado graso que debe quedar un poco crudo en el centro.

DORADO

Se conoce como mahimahi, nombre hawaiano que significa "pescado-delfín", para evitar la confusión que se genera con el mamífero marino, con el cual no tiene ningún parentesco, aunque como éste tiene la costumbre de nadar frente a los barcos.

Nombre científico: *Coryphaena hippurus*.

Familia: *Coriphaenidae*.

Otros nombres

Español: dorado (en Colombia).

lampuga, perico (en otros países).

Inglés: *mahimahi, dolphinfish*.

Francés: *coryphène comune*.

Distribución y hábitat

Pacífico y Caribe: se encuentra en aguas tropicales y subtropicales de alrededor del mundo. Peces pelágicos, especialmente en aguas afuera. Se acercan a las playas para desovar y buscan sombra debajo de objetos flotantes.

Forma de pesca

Es muy importante en la pesca deportiva; se captura principalmente con palangre y correteo (*trolling*).

Temporada de pesca

Es mucho más abundante en el Pacífico, y se captura desde finales de noviembre hasta febrero y marzo.

Tamaños frecuentes y rendimiento

Ocasionalmente el dorado alcanza las 50 lb, pero en el mercado el peso promedio es de 15 lb.

De entero sin víscera a H&G, rinde 85%.

De H&G a filete, rinde 60%.

Presentación comercial

Fresco: H&G y filete.

Congelado: H&G y filete.

Sabor

Moderado. El dorado tiene un sabor dulce suavemente pronunciado, similar al del pez espada.

Textura

De mediana a firme.

Bromatología

Por cada 100 g de sustancia comestible:

proteínas: 18, 9 g; grasas: 0, 9 g;

calorías: 89; omega 3: 0, 1.

Métodos de cocción

Horno, plancha, parrilla, salteado.

Sustitutos

Medregal, bravo, pez espada.

Comentario y recomendaciones

Clipper es el término inglés para designar al mahimahi de mayor calidad, que usualmente se congela en el mar.

Antes de la cocción, se deben remover la piel gruesa del dorado y la veta de grasa que se encuentra a lo largo del filete, ya que ésta produce un sabor intenso y hostigante.

MEDREGAL o BRAVO

En Colombia, este pescado se conoce como medregal en el Caribe, y como bravo en el Pacífico. En general, en el interior del país apenas se está conociendo como un excelente producto, especialmente en Medellín, por ser escala obligada de los productos de Bahía Solano, donde su pesca es abundante.

Nombre científico: *Seriola spp.*

Familia: *Carangide.*

Otros nombres

Español: medregal, bravo (en Colombia).

coronado, medregal listado (en otros países).

Inglés: *grater amber-jack.*

Francés: *seriola couronnée.*

Distribución y hábitat

Pacífico y Caribe: es un pez pelágico y tambien vive cerca del fondo marino. En Colombia se captura principalmente en el Pacífico norte.

Forma de pesca

Se captura artesanalmente con anzuelo, línea de mano y palangre, y con redes agalleras.

Temporada de pesca

En el Caribe, desde abril hasta noviembre, y en el Pacífico, especialmente en el norte, durante todo el año.

Tamaños frecuentes y rendimiento

Los ejemplares pesan alrededor de 3 a 12 kg.

De entero sin víscera a H&G, rinde 88%.

De H&G a filete, rinde 55%.

Presentación comercial

Fresco: entero y filete .

Congelado: entero y filete.

Sabor

Moderado.

Textura

De mediana a firme.

Bromatología

Por cada 100 g de sustancia comestible:

proteínas: 24.13; grasas: 0. 1;

calorías: 105; omega 3: 1 g.

Métodos de cocción

Horno, plancha, parrilla, ahumado.

Sustitutos

Dorado y atún especialmente.

Comentario y recomendaciones

Se le debe retirar la línea de grasa que se encuentra a lo largo del filete, por el costado de la piel, porque produce un sabor intenso y hostigante.

LEBRANCHE Y LISA

Son especies similares, que se diferencian sobre todo porque el lebranche alcanza mayor talla que la lisa, es más carnudo y los pescadores lo encuentran de mejor sabor.

Nombre científico: *Mujil spp.*

Familia: *Mujilidae.*

Otros nombres y especies

Español: lisa, lebranche, anchoa, parao (en Colombia) lisa, lebranche (en otros países).

Inglés: *white mullet, lebranche mullet.*

Francés: *mulet blanc, mulet lebranche.*

Distribución y hábitat

Son pescados migratorios que se capturan en el Caribe, y la lisa también en el Pacífico. Usualmente habitan en fondos bajos en zonas estuarinas, en las desembocaduras de los ríos y también en lagunas salobres e hipersalinas.

Forma de pesca

Pesca artesanal, con atarraya, redes agalleras y chinchorro. Son peces sumamente asustadizos y por esto su captura debe ser especialmente silenciosa. Se recomienda no proyectar sombras sobre la superficie del agua y no usar ropas con colores vivos.

Temporada de pesca

En Colombia, su pesca se encuentra asociada con las épocas de lluvia, especialmente en octubre y noviembre en el Caribe, y en el Pacífico durante todo el año.

Tamaños frecuentes y rendimiento

Los ejemplares tienen de ½ a 4 lb.

Presentación comercial

Lebranche: Fresco: entero.

Congelado: entero.

La lisa se encuentra comúnmente en corte estilo mariposa, salada, y también entera.

Sabor

Intenso.

Textura

De delicada a mediana.

Bromatología

Por cada 100 g de sustancia comestible:

Proteínas: 23, 25; grasas: 2, 2; calorías: 97.

Métodos de cocción

Horneado, guisado, parrilla, salteado.

Sustitutos

No se conocen.

Comentario y recomendaciones

La lisa generalmente se sala (salpresa) y con ésta se prepara el arroz de lisa* y la lisa al cabrito*En la Florida (Tampa) se capturan grandes cantidades de lisa para extraerles las ovas, para el mercado español y japonés. De esta manera el pescado es prácticamente un subproducto, muy económico.

Se llama mariscos a los productos marinos, invertebrados y comprenden los crustáceos, los moluscos y los gasterópodos.

CRUSTÁCEOS

Se trata de un animal invertebrado que cuenta con una crusta o caparazón que le sirve de protección, y que muda para dar paso a su crecimiento. En algunos, es en esta época cuando se encuentra en un momento formidable para su consumo, como es el caso de la jaiba azul (*soft shell*).

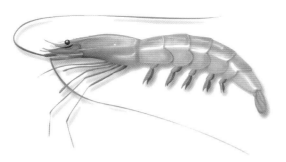

LANGOSTINO

Conocemos como langostino al camarón de mayor tamaño (de U/8 a 26/30). En nuestro medio, en el Pacífico, se consigue principalmente el blanco y el café (chocolate), y el blanco y el rosado en el Caribe (*Penaeus notialis*). Todos se preparan de forma similar.

Nombre científico: *Pennaeus spp.*

Familia: *Penaeidae.*

Otros nombres

Español: langostino (en Colombia).

blanco (en México y Ecuador).

Inglés: *shrimp.*

Francés: *crevette.*

Distribución y hábitat

Habitan los mares tropicales y subtropicales. Las dos especies que se conocen como blancas son, en el Pacífico, el *Penaeus occidentalis*, y en el Caribe el *Penaeus schmitti*. El café o chocolate del Pacífico se encuentra desde México, Sonora, hasta el norte del Perú, y el *Penaeus stylirostris* habita desde Baja California hasta Perú.

Forma de pesca

De arrastre.

Temporada de pesca

En el Caribe, de diciembre a marzo; en el Pacífico durante el primer semestre del año.

Tamaños frecuentes y rendimiento

En el Caribe, las tallas más frecuentes son la 16/20 y la 21/25. En el Pacífico colombiano, la U-15.

De entero, con cabeza a cola, rinde 65%.

De cola a pelado, con o sin vena, rinde 15%.

De cola cruda a cocido: blanco de mar, 6% y blanco de cultivo, 10%.

Presentación comercial

Congelado: colas; en plaqueta de 4 ó 5 libras americanas con un glaseado de protección.

Sabor

Suave.

Textura

Firme.

Bromatología

Por cada 100 g de sustancia comestible:

proteínas: 18, 7 g; grasas: 1, 2 g; calorías:11; omega 3: 0, 2 g.

Métodos de cocción

Plancha, parrilla, salteado, escalfado, vapor.

Sustitutos

Langostino café o rosado.

Comentario y recomendaciones

En cualquier preparación se recomienda no sobrepasar los 4 ó 5 minutos de cocción, para apreciar su textura, que es una de sus mayores virtudes.

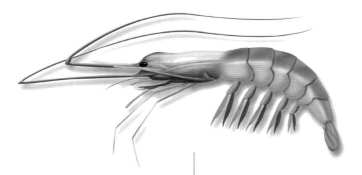

CAMARÓN TITÍ

A pesar de que el camarón de cultivo está compitiendo fuertemente en el mercado del tití, éste sigue siendo el más económico y el que mayor cantidad de sabor aporta a una preparación.

Nombre científico: *Xiphopenaeus spp.*
Familia: *Pennaidae.*

Otros nombres y especies

Español: tití (en Colombia).

tití, pomada (en otros países).

Inglés: *seabob.*

Francés: *creverre seabob.*

Distribución y hábitat

Pacífico y Caribe: vive en fondos fangosos y arenosos. Se encuentra en áreas cercanas a los deltas y estuarios.

Forma de pesca

De arrastre, industrial o artesanal.

Temporada de pesca

Todo el año.

Presentación comercial

En colas peladas (ya que por su tamaño es muy dispendioso limpiarlos en el hogar o el restaurante), congeladas, crudas o cocidas, con o sin vena.

Tamaños frecuentes y rendimiento

Es un camarón de talla pequeña, que oscila entre las 120 y las 250 unidades por lb (454 g).

De cola cocida sin cáscara a cola sin cáscara, rinde 75%.

De cola cruda, sin cáscara a cocido, rinde 95%.

Sabor

De moderado a intenso.

Textura

Moderada.

Bromatología

Por cada 100 g de sustancia comestible:

proteínas: 25, 2 g; grasas: 1, 6 g; calorías: 0, 4.

Métodos de cocción

Plancha, parrilla, salteado, frito, escalfado, vapor.

Sustitutos

Camarón de cultivo, camarón tigre o rosado del Caribe, o "pomada" del Pacífico.

Comentario y recomendaciones

Si se usa para cocteles, ceviches o ensaladas, se puede comprar ya cocido. Para preparaciones o acompañamientos que necesiten de cocción (sofritos, arroces, sopas, etc.) debe comprarse crudo, para aprovechar sus jugos.

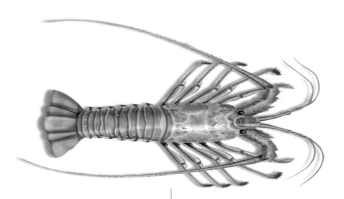

LANGOSTA

La especie de mayor valor es la del Caribe (*Panulirus argus*). En el Pacífico habita una especie de Panulirus, de talla natural pequeña y poco abundante.

Nombre científico: *Panulirus spp.*

Familia: *Palinuridae.*

Otros nombres

Español: langosta (en Colombia y en otros países).

Inglés: *caribbean spiny lobster.*

Francés: *langouste caraiba.*

Distribución y hábitat

Vive en sitios que le brindan protección, como arrecifes de coral y fondos rocosos. Se localiza desde Carolina del Norte hasta Brasil. En Colombia, principalmente en los cayos de San Andrés, en La Guajira, en las Islas del Rosario y de San Bernardo.

Forma de pesca

Nasa y buceo.

Temporada de pesca

Todo el año, salvo las temporadas de brisa desde diciembre hasta enero y mediados de febrero.

Tamaños frecuentes y rendimiento

En el mercado se encuentran langostas del Caribe, desde 150 hasta 1.500 g, aunque esta última es poco frecuente.

De entera a cola, rinde 33%.

De cola con cáscara a cola pelada, rinde 85%.

Presentación comercial

En el mercado se presenta entera, cruda o cocida, y en colas crudas. Casi nunca se encuentra sin cáscara.

La clasificación de la langosta entera es por gramos y va de 100 en 100. La clasificación de las colas se expresa en onzas.

Sabor

Suave, un poco dulce.

Textura

Firme.

Bromatología

Por cada 100 g de sustancia comestible:

proteínas: 21 g; grasas: 2 g; calorías: 110; omega 3: 0, 4 g.

Métodos de cocción

Horno, plancha, parrilla, salteado, escalfado, vapor.

Sustitutos

Bogavante de los mares del norte.

Comentario y recomendaciones

Como la carne de este crustáceo es muy delicada, es preciso que la langosta llegue viva al cuarto frío si se la va a congelar cruda. También debe llegar viva al caldero si se va a presentar cocida. A nivel doméstico, si se cuenta con langostas vivas se pueden cocer con un poco de agua, vino blanco y un par de hojas de laurel.

JAIBA AZUL

Su nombre científico, que traduce "bella nadadora sabrosa", indica que no sólo es un cangrejo nadador, sino que también es delicioso.

Nombre científico: *Callinectes spp.*
Familia: *Portunidae.*
Otros nombres
Español: jaiba (en Colombia).
cangrejo azul (en otros países).
Inglés: *blue crab.*
Francés: *crabe bleu.*

Distribución y hábitat

Fondos fangosos en aguas someras. Es abundante en caños, zonas de manglar, ciénagas y estuarios. Se alimenta de camarones, peces pequeños y bivalvos.

Forma de pesca

Con nasas, redes de mano y pesca de arrastre, como fauna acompañante de los camarones.

Temporada de pesca

Todo el año.

Tamaños frecuentes y rendimiento

Las del Pacífico son más grandes que las del Caribe, y pueden llegar a pesar entre 150 y 200 g.

De entera a carne, rinde entre el 10 y el 25%, de acuerdo con el tamaño. Mientras más grande sea la jaiba, mayor será su rendimiento.

Presentación comercial

Congelada: entera; carne extraída de su concha; revuelta; carne mezclada y muelas aparte. Refrigerada y pasteurizada: clasificada en 4 tipos de carne, jumbo, lump, special, claw; muelas semilimpias, listas para consumir: coctel claw.

Sabor

De suave a moderado.

Textura

De delicada a mediana.

Bromatología

Por cada 100 g de sustancia comestible:
proteínas: 16, 2 g; grasas: 4, 1 g; calorías: 0, 4.

Métodos de cocción

Horno, plancha, salteado, frito, escalfado, vapor.

Sustitutos

Carne extraída de cangreja o de cangrejo negro de San Andrés y Providencia.

Comentario y recomendaciones

En nuestro país, el cangrejo más representativo es la jaiba. Idealmente, para aprovechar su magnifica jugosidad y textura deben obtenerse pasteurizadas-refrigeradas. Sus carnes más finas son: jumbo, lump y special, muy apropiadas para preparaciones delicadas, generalmente frías. También está la carne del antebrazo y de las muelas, llamada claw, que es un poco más oscura y de mayor sabor; resulta muy apropiada para hornear y para sopas.

CANGREJO REINA

Es frecuente en las islas de San Andrés y Providencia, y en las del Rosario y de San Bernardo. Sus muelas, grandes y deliciosas, son màs económicas que las del king, stone y snow crab.

Nombre científico: *Mitrax spinosisimus*.

Familia: *Majidae*.

Otros nombres

Español: cangreja; cangrejo rey del Caribe (en Colombia).

Cangrejo reina

Inglés: *channel-clinging*.

Francés: *crabe royal des Caraibes*.

Distribución y hábitat

Desde Carolina del Sur, Golfo de México, hasta Nicaragua, y desde las Antillas hasta Venezuela. Es una especie de hábitos nocturnos, que vive en aguas someras, en zonas coralinas y rocosas. Hace presencia en las islas de Providencia, del Rosario, de San Bernardo y en Capurganá.

Forma de pesca

Nasa y buceo a pulmón.

Temporada de pesca

Todo el año.

Tamaños frecuentes y rendimiento

Entera, de 1 lb hasta 2 kg.

Presentación comercial

De sus grandes muelas, la parte más preciada, son sus antebrazos, en presentaciones de hasta 8 unidades por kg.

Se ofrece también su carne ya extraída.

Sabor

Delicado y dulce.

Textura

De delicada a mediana.

Bromatología

Por cada 100 g de sustancia comestible:

Proteínas: 14 g; grasas: 4, 1 g; Calorías: 0.

Métodos de cocción

Horno, plancha, parrilla, escalfado, vapor.

Sustitutos

Muelas del cangrejo de manglar (blancas) e importadas del mismo tamaño de las de cangreja.

Comentario y recomendaciones

Con su carne se pueden preparar deliciosos fondos y cremas. Sus muelas, como las de todos los cangrejos, se preparan usualmente al ajillo o con vinagreta.

MOLUSCOS

Son animales de cuerpo blando protegido por una sola concha, como los caracoles (gasterópodos), por dos, como la almeja y la ostra (bivalvos), o que no cuentan con ninguna protección externa, como los calamares y los pulpos (cefalópodos).

CALAMAR

Colombia cuenta con el calamar Loligo, que es el más fino y apreciado y otras especies de tamaño pequeño. Para atender la demanda nacional con frecuencia se debe importar.

En el Pacífico colombiano habita también el calamar pota (gigante), pero por no contar nuestro país con pesca especializada, se importan grandes cantidades de Ecuador, Perú y Chile. Su gran tamaño, le resta un poco de ternura a la carne, y su alta abundancia en los mares hace que su precio sea el más bajo de todos los calamares.

De Argentina y de los Estados Unidos se importa el calamar Íllex, de aguas frías, un poco más grande que el Loligo, y menos tierno y de menor costo.

Nombre científico: *Loligo spp.*

Familia: *Lolignidae.*

Otros nombres

Español: calamar, chipirones (en Colombia y en otros países).

Inglés: *squid.*

Francés: *calmar.*

Distribución y hábitat

Pacífico y Caribe: el calamar Loligo es abundante en todos los mares tropicales y subtropicales. Vive cerca del fondo y en aguas medias.

Forma de pesca

En Colombia está asociada con la pesca de arrastre de camarón, como fauna acompañante. La pesca especializada de calamar usa lámparas para atraerlos con la luz, y luego se ensartan en unos anzuelos especiales llamados poteras*.

Temporada de pesca

Durante todos los meses, salvo en aquellos en que el camarón esté en veda.

Tamaños frecuentes y rendimiento

El Loligo puede ser muy pequeño, como los chipirones, y se encuentra en unas 30 unidades por kilo.

Los de talla media, en unas 10 a 15 unidades por kilo.

De entero a anillos, rinde 33%.

Presentación comercial

Congelados: enteros, T&T, tubos y anillos*.

Sabor

Suave.

Textura.

De moderada a firme.

Bromatología

Por cada 100 g de sustancia comestible:

Proteínas: 17 g; grasas: 1, 3 g; calorías: 0. 5; omega 3: 0, 5 g.

Métodos de cocción

Horno, plancha, parrilla, salteado, frito, escalfado, vapor.

Sustitutos

Cualquier especie de Loligo o de Íllex, y de acuerdo con la preparación, por calamar pota.

Comentario y recomendaciones

El calamar debe ser cocido rápidamente, por 2 ó 3 minutos, o por alrededor de 30 en las preparaciones prolongadas.

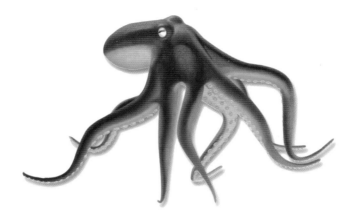

PULPO

Nombre científico: *Octopus spp.*

Familia: *Octopodidae.*

Otros nombres

Español: pulpo de roca, pulpo manchado (en Colombia y otros países).

Inglés: *octopus.*

Francés: *pieuvres.*

El Caribe produce un pulpo pequeño de excelente textura.

Distribución y hábitat

Caribe y Pacífico: habita en todos los mares tropicales, subtropicales y fríos, en fondos de piedra y aguas medias.

Forma de pesca

Con poteras, nasas, arrastre y buceando, con la mano.

Temporada de pesca

De mayo a noviembre.

Tamaños frecuentes y rendimiento

Los pulpos del Caribe colombiano son de ½ lb a unos 2 kg, y también llegan importados de 3 y 4 kg.

Su rendimiento de entero a limpio es alto, del orden del 95%. Sin embargo, una vez cocido y pelado puede reducirse en el 50%.

Presentación comercial

Entero, sin víscera.

Sabor

De suave a moderado.

Textura

Firme.

Bromatología

Por cada 100 g de sustancia comestible:

proteínas: 10, 6 g; grasas: 1 g; calorías: 1, 5.

Métodos de cocción

Parrilla, plancha, salteado.

Sustitutos

Cabeza de calamar pota.

Comentario y recomendaciones

El pulpo que se usa en sushi se captura en Indonesia. Es de gran tamaño y puede llegar a pesar hasta 12 kg. Una regla gastronómica dice que mientras más pequeños sean los cefalópodos (calamar y pulpo), más tiernos resultarán.

PIANGUA

En el Pacífico, las mujeres, que son quienes extraen este bivalvo de los manglares, declararon una veda voluntaria para defender el recurso y su sustento. Su extracción es casi heroica, pues tienen que soportar gran cantidad de insectos (jejenes y zancudos) y deben acudir a humeadores que los mantienen a raya.

Nombre científico: *Anadara spp.*

Familia: *Arsidae.*

Otros nombres y especies

Español: piangua, sangara, concha prieta (en Colombia) concha, concha prieta, concha negra (en Perú y Ecuador) Inglés: ark shell o cockle.

Distribución y hábitat

Se encuentra desde baja California hasta Tumbes, en el norte peruano. Vive enterrado en los fondos fangosos, inter-mareales de las zonas de manglar, en suelos ricos en materia orgánica.

Forma de pesca

Manualmente, explorando el suelo a una profundidad de 10 a 20 cm, donde las pianguas consiguen su máxima densidad. Su recolección está principalmete a cargo de las mujeres y los niños.

Temporada de pesca

Todo el año.

Tamaños frecuentes y rendimiento

En concha se encuentran entre 15 y 20 unidades por kilo. De concha a carne, rinde de 15% a 20%.

Presentación comercial

Entera, con sus dos conchas, o su carne limpia de concha. Localmente, ahumada en pinchos.

Sabor

Moderado.

Textura

Firme.

Bromatología

Por cada 100 g de sustancia comestible:

proteínas: 13, 9; grasas: 0, 12; calorías: 73.

Métodos de cocción

Luego de ablandada, se puede preparar en guisos, sudados y encocados.

Sustitutos

Pepitona del Caribe.

Comentario y recomendaciones

Hay quienes consumen la piangua al natural, sólo con un poco de limón, sin ninguna cocción. Para otros, de esa manera es un poco dura y la ponen a cocinar por unos 20 ó 30 minutos, para ablandarla.

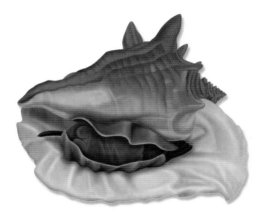

CARACOL PALA

Como su recolección resulta sencilla y su demanda es alta, se encuentra en peligro de extinción. Es de esperar que las vedas funcionen o que aumente su desarrollo en criaderos, como lo hacen exitosamente en las islas caribeñas Turcas y de Caicos.

A pesar de las limitaciones en su oferta, este producto se ha incluido en la selección de fichas técnicas por ser de máxima importancia en la gastronomía del Caribe.

Nombre científico: *Strombus gigas.*

Familia: *Strombidae.*

Otros nombres

Español: caracol pala (en Colombia).

cobo (en otros países).

Inglés: *lambi; pink conch.*

Francés: *strombe rose.*

Distribución y hábitat

Caribe: viven posados en el suelo, sobre las praderas.

Forma de pesca

Buceo a pulmón y chinchorro.

Temporada de pesca

Todo el año, y principalmente en el segundo semestre.

Tamaños frecuentes y rendimiento

De su carne ya extraída a filete limpio, rinde 30%.

Presentación comercial

Se presenta en filete semilimpio o limpio, listo para consumir.

Sabor

Moderado.

Textura

Firme.

Bromatología

Por cada 100 g de sustancia comestible:

proteínas: 16, 3 g; grasas: 1, 4 g; calorías: 0.

Métodos de cocción

Horno, plancha, frito, parrilla, escalfado, vapor, ahumado.

Sustitutos

No se conocen.

Comentario y recomendaciones

El filete ya limpio se golpea con un mazo de madera hasta que se aplane y duplique su tamaño original, y luego se cocina en agua hirviendo durante 20 ó 30 minutos, o hasta que esté tierno.

Otros productos colombianos de mar en nuestro mercado

Bagre de mar

Conocido también como chivo. Es un pescado graso, de gran consumo por los pescadores de los dos litorales. En cuanto a sabor, se asemeja al del bagre de río, pero un poco menos intenso. Es muy adecuado para prepararlo en sancocho o sudado, pero no para fritarlo. Otros pescados "barbudos", de mar, son el barbinche, el ñato, el alguacil y el chivito, que es un bagre pequeño y de precio económico.

Merito

Este nombre es totalmente caprichoso, ya que este pescado no tiene nada que ver con la familia de los meros. Su nombre correcto es tamborero o pez globo. Es un pescado blanco, formidable, que incluso se puede comparar con las ancas de rana. Su precio es intermedio, y se consigue en el mercado sin cabeza, piel ni cola.

El problema consiste en que este pescado puede causar severas intoxicaciones, aun sin que el producto presente signos externos de mal estado.

Sábalo

Es un pescado del Caribe que se capturaba a lo largo del litoral, pero la sobrepesca lo tiene al borde de la extinción.

Sin embargo, se están implementando cultivos que posiblemente favorezcan su oferta. Con relativa facilidad se consigue sábalo de menos de 4 kg (sabalete), pero resulta muy espinoso.

En Cartagena dio paso al famoso "sancocho de sábalo con coco".

Caracol copei

Junto con el "pate burro" son caracoles de precio intermedio, que se usan principalmente como parte de platos mixtos (cazuelas y arroces). Son protagonistas en diversas preparaciones: en cóctel o ceviche, y en muchas otras que utilizan este tipo de caracol.

Deben ablandarse en olla de presión durante 20 a 30 minutos.

Almejas

Las colombianas son pequeñas, pero de muy buen sabor. Se consiguen en su concha o limpias, pero siempre congeladas, por lo que sólo se usan como acompañantes de platos mixtos.

Ostras

Se producen solamente en los manglares del Caribe. Son de talla pequeña y cuentan con un sabor formidable. Por su condición de moluscos altamente filtradores, por lo general presentan alto grado de contaminación. El Estado colombiano ha favorecido la producción de cultivos pilotos en aguas puras, donde el producto sale libre de impurezas.

CUARTA PARTE

Recetas

N o t a

Los asteriscos (*) en las
recetas remiten a las
secciones "Cortes
y presentaciones"
(pág. 44) o "Fondos, salsas
y acompañamientos"
(pág. 169)

A FUERZA DE USAR y preparar el recurso que capturan con los ingredientes que tengan a la mano, las poblaciones pescadoras lo enriquecen, enaltecen y difunden. Luego, en casa, las costumbres se adoptan, se transmiten y conservan generación tras generación.

En sus cuencas del Caribe y del Pacífico, Colombia goza de una amplia variedad de pescados y mariscos, muchos de gran reconocimiento en la gastronomía internacional. Sin embargo, por el predominio económico que ha ejercido la región andina, el repertorio de preparaciones autóctonas con productos marinos no es muy amplio. No obstante, en ambos litorales y en el archipiélago de San Andrés y Providencia hay preparaciones excelentes, que especialmente los pescadores y nativos usan en su diario alimentar o en ocasiones especiales.

En el gran consumo de pescado a escala nacional, en kilos, los estratos medios muestran una tendencia hacia los productos de agua dulce, como bocachico, tilapia (mojarra roja), bagre y trucha. Sólo desde hace pocos años se ha comenzado a consumir con mayor profusión el pescado de mar, gracias a las recomendaciones de médicos y nutricionistas, y al desarrollo que la gastronomía ha tenido en los últimos tiempos.

Colombia no ha estado ajena a la explosión que ha sufrido la gastronomía mundial, especialmente en la comida de restaurantes. Por doquier surgen nuevas propuestas vernáculas, étnicas, de autor y de fusión. Este fenómeno ha inducido a los comensales a aventurarse a nuevos sabores, y en este feliz contubernio entre cocineros y consumidores, los pescados y mariscos han llevado la mejor parte. El mero, el atún, el cangrejo y algunos importados, como el salmón y el congrio dorado, entre otros, son nuevos protagonistas de diversas preparaciones.

En este libro aparecen recetas autóctonas que generalmente se encuentran muy localizadas, de restaurantes y de algunos cocineros. De una u otra forma, son protagonistas de primer orden en la conservación de tradiciones culinarias y en el desarrollo de nuevas propuestas. Como dice nuestro amigo Mauro Prosperi: "El pescado es de por sí tan bueno, que sólo se puede arruinar con cualquier preparación".

Los restaurantes se seleccionaron con base en sus especialidades, que representan diversas tendencias culinarias, y también teniendo en cuenta la calidad de sus preparaciones. Por razones de fuerza mayor no fue posible incluir más cocinas y restaurantes del país, aun sabiendo que hubieran honrado las páginas de este libro.

Esta sección pretende ser un pasaporte de las ciudades del interior del país, e inclusive de las mismas costeñas, a nuevas tentaciones y sabores, que nos permita entrar en ese universo tan mágico y profundo de la comida, tan próxima y esencial como el mismo aire.

Formas de cocción

Tal vez lo único difícil al cocinar pescados y mariscos sea elegir entre las casi ilimitadas opciones de preparación.

Para asegurar una cocción pareja, los bordes delgados de los filetes se deben cortar o doblar para darles un ancho uniforme. Es necesario recordar que el pescado continúa su cocción un poco después de retirarlo del calor. En tierra caliente, los productos que se someten a marinadas prolongadas deben ser refrigerados.

Para eliminar los olores luego de manipular los productos en su preparación, las manos se pueden untar con bicarbonato y limón antes de lavarlas con jabón.

A continuación presentamos algunas recomendaciones de carácter general acerca de las distintas formas de cocinar los pescados y mariscos.

Horno

Todos los tipos de pescados, enteros o en filetes, pueden ser horneados. El horno siempre debe precalentarse a 200°C (400°F), que suele ser la temperatura adecuada.

Podrán sazonarse como se desee, untarles un poco de mantequilla y agregar algún líquido (como caldo de pescado, vino, leche, etc.) durante la cocción, para mantenerlos húmedos.

Plancha – parrilla

Para este método son preferibles los pescados gruesos y los grasos, ya que se mantienen húmedos, pero casi cualquier pescado o marisco puede ser asado con éxito, siempre que se los pincele con un poco de aceite. Los pescados delgados deben ser previamente marinados, o bien rociados con su jugo o mantequilla durante la cocción.

Poner primero la parte de arriba del filete (del lado de la piel), voltear, rociar y terminar la cocción por el otro lado. Las hierbas deben aplicarse al final, para que no se quemen.

Frito

Es el método más apropiado para los filetes delgados y los pescados enteros. También para los langostinos, camarones, almejas y anillos de calamar, que deben rebozarse en harina antes de fritarlos.

Se deben usar aceites de alta calidad, que resistan altas temperaturas. La cantidad de aceite no debe exceder la mitad del recipiente, y se debe calentar a fuego alto, a una temperatura de unos 190ºC (375ºF). Lo mejor es freír por tandas, para evitar que la temperatura disminuya y el producto se empape de aceite. Por último, la fritura se debe poner sobre papel absorbente o servilletas.

Salteado y revolver y freír (en wok)

Para estos dos métodos son apropiados los pescados pequeños enteros, los filetes sin piel y las postas delgadas. También los langostinos y camarones, pelados o sin pelar, y los calamares. Los pescados grasos no son adecuados para esta técnica.

El salteado es, esencialmente, freír con poca cantidad de grasa, a fuego medio o alto, durante un corto período de tiempo. La materia grasa debe cubrir únicamente el fondo de la sartén, y si se usa mantequilla se debe agregar también un poco de aceite, para que no se queme. Antes de incorporar los alimentos, el aceite debe estar caliente, pues esto garantiza un tiempo breve de cocción y que las carnes se doren de inmediato, concentrando interiormente sus jugos y sabor. Los alimentos deben revolverse para obtener una cocción homogénea.

El *wok* es indispensable cuando se desean cocinar platos orientales. Por su amplia superficie y profundidad, es ideal para la técnica de "revolver y freír" *(stir and fry)*. Además, requiere de menor cantidad de aceite que un recipiente de paredes rectas.

Escalfado

Apropiado para los pescados delgados y filetes. No es conveniente para los de carne oscura y aceitosa, como el atún o la macarela. El salmón es una excepción.

Primero se debe seleccionar el líquido para la cocción (agua, caldo, vino, leche, etc.) y sazonar el pescado al gusto. El recipiente deberá ser bastante grande, y el líquido suficiente para cubrir el pescado. El líquido se lleva a punto de ebullición, y entonces se reduce el calor a fuego lento y se añade el producto. Se continúa la cocción a fuego lento y se tapa el recipiente hasta que esté listo.

Vapor

Es apropiado para todos los pescados delgados y pequeños enteros, postas y filetes. Los grasosos no se benefician con este tipo de cocción.

La cocción al vapor se realiza dentro de un recipiente completamente cerrado, dentro del cual el producto se coloca sobre una parrilla (con o sin cama de vegetales), sobre agua hirviendo u otro líquido, sin que éste lo toque.

Las almejas y otros moluscos se ponen directamente con la concha, en un recipiente que contenga una pequeña cantidad de líquido (agua, vino blanco, cerveza, etc. , y si se desea, con sazón). Se deja que el vapor los cubra hasta que sus conchas se abran.

Pescados blancos MAGROS

Filetes de lenguado con vinagreta
de leche de coco, puré de mango y
sorbete de mojito de hierbabuena

Entrada

Leonor Espinosa

Restaurante Leo, cocina y cava, Bogotá

Para 4 porciones

Tiempo de preparación: 10 minutos
Método de cocción: cocido y salteado
Calorías por porción: 1.441

Ingredientes

400 g de filete de lenguado, cortado en rectángulos de 5 x 2 cm
½ taza de jugo de limón
3 cdas. de aceite de oliva
8 láminas bien delgadas de yuca, cortadas a lo largo
4 hojitas de hierbabuena
Sal y pimienta al gusto

Para el sorbete de mojito de hierbabuena

3 tazas de jugo de limón
1 taza de hojas de hierbabuena
2 tazas de agua
1 ½ tazas de azúcar refinada
5 claras de huevo, ligeramente batidas

Para la vinagreta de coco

3 tazas de leche de coco
2 cdas. de cilantro picado
1 cdita. de jengibre rallado
½ taza de jugo de limón
3 cditas. de vinagre de frutas
Sal y pimienta al gusto

Para el puré de mango

2 mangos maduros, pelados y partidos en trozos
3 cditas. de cáscara rallada de limón
½ taza de yogur natural sin dulce

Preparación

Para el almíbar: calentar el agua, agregar el azúcar y revolver hasta que se disuelva, aproximadamente por 1 minuto; dejar enfriar.

Aparte, licuar el jugo de limón con la hierbabuena y las claras, mezclar con el almíbar y congelarlo dentro de un recipiente de vidrio.

Para la vinagreta: mezclar todos los ingredientes y revolver por 2 minutos con batidor manual. Marinar los filetes en esta vinagreta.

Para el sorbete de mango: mezclar los trozos de mango con la ralladura de limón. Con un tenedor, triturar hasta obtener un puré.

Aparte, batir el yogur hasta que se esponje e incorporar, con movimientos envolventes, al puré de mango.

Preparación final

Marinar el pescado en el jugo de limón durante 10 minutos, con un poco de sal y pimienta.

Freír las láminas de yuca hasta que estén doradas.

En cada copa, poner primero el puré de mango, luego el pescado marinado y por último, 1 cda. de sorbete. Decorar con los *chips* de yuca y una hoja de hierbabuena.

Rollos de pargo a la florentina

Plato principal

Devis de la Cruz Heredia
Restaurante Devis, Barranquilla

Para 4 porciones

Tiempo de marinado: 5 minutos
Tiempo de preparación: 20 minutos
Método de cocción: salteado y horno
    a 250°C
Calorías por porción: 662

Ingredientes

800 g de filete de pargo, cortado en
    trozos de 70 a 80 g
Sustitutos apropiados: filetes me-
    dianos de róbalo, pargo, corvina,
    lenguado

Para la marinada

3 cdas. de jugo de limón
½ cda. de mostaza
2 cdas. de aceite de oliva
Sal y pimienta al gusto

Para el puré de espinaca

8 cdas. de mantequilla
500 g de espinaca
2 cdas. de cebolla roja finamente
    picada
½ cda. de ajo triturado
1 cda. de hojas de estragón, picadas
1 taza de crema de leche
4 cdas. de vino blanco seco
Sal y pimienta al gusto

Para la salsa

1 cda. de cebolla roja finamente picada
1 cdita. de ajo triturado
½ taza de champiñones tajados
2 cditas. de mostaza
4 cdas. de caldo de pescado
2 cdas. de vino blanco seco

Preparación

Para la marinada: mezclar los ingre-
    dientes y esparcirla de manera ho-
    mogénea sobre las tiras de pescado.
Para el puré de espinaca: calentar una
    sartén con 6 cdas. de mantequilla y
    saltear la espinaca con la cebolla, el
    ajo y el estragón, por 1 ó 2 minutos.

Verter el vino y la crema de leche,
    revolver bien hasta obtener un puré
    blando. Reservar un poco menos de
    la mitad de este puré para la salsa.
Aparte, esparcir un poco de puré
    de espinacas sobre cada trozo de
    pescado, enrollarlo y sujetar con
    palillos de madera. Precalentar
    el horno y cocinar los rollos por
    15 minutos. Retirar y reservar
    calientes.
Para la salsa: calentar una sartén con
    la mantequilla restante, y saltear la
    cebolla con el ajo y los champiño-
    nes. Incorporar la mostaza, el caldo
    de pescado y el vino. Continuar la
    cocción hasta que tenga una consis-
    tencia cremosa y blanca.
Servir los rollos de pescado rociados
    con la salsa, y acompañar con
    verduras mixtas, salteadas en
    mantequilla.

Filete de mero en costra de papas

Plato principal

Mauro Prosperi

Restaurante La Enoteca, Cartagena

Para 4 porciones

Tiempo de preparación: 20 minutos
Método de cocción: salteado y
   horneado
Calorías por porción: 809

Ingredientes

1 kg de filete de mero, cortado en
   4 trozos de 250 g.

Sustitutos apropiados: filete de brótula,
   pargo, corvina, róbalo
700 g de papa, cortada en finas tajadas
3/4 de taza de aceite de oliva
4 cdas. de perejil, finamente picado
2 cditas. de ajo triturado
2 cditas. de vinagre
2 cdas. de aceite de oliva
1 ½ cdas. de queso Pecorino Romano
   Sal y pimienta al gusto

Preparación

Para la marinada de las papas: mezclar
   el aceite con el perejil, el ajo y el
   vinagre; añadir una pizca de sal;
   reservar.
Aparte, calentar una sartén con 2 cdas.
de aceite y saltear ligeramente el
pescado por ambos lados. Precalentar el horno a 270°C.
Pasar las tajadas de papas, crudas, por
la mezcla de aceite reservada, y disponer la mitad en un molde refractario. Colocar encima los trozos de
pescado y cubrirlos con otra capa de
papas. Salpicar con el queso Pecorino y hornear durante 15 minutos.
Servir de inmediato.

Brótula con salsa de limón y jengibre

Plato principal

Juanita Umaña
Restaurante Índigo, Bogotá

Para 4 porciones

Tiempo de preparación: 15 minutos
Método de cocción: salteado y plancha
Calorías por porción: 1.142

Ingredientes

1 kg de filete de brótula, cortada en
   4 trozos
Sustitutos apropiados: mero, pargo,
   corvina, róbalo
2 cdas. de aceite
1 cda. de cebolla picada
1 cdita. de ajo triturado
Sal y pimienta al gusto

Para la salsa de limón y jengibre

1 ½ cdas. de aceite de oliva
1 cdita. de cebolla cabezona, finamente
   picada
½ cdita. de ajo finamente picado
½ cdita. de jengibre finamente picado
3 cditas. de cáscara rallada de limón
2 cditas. de limonaria finamente picada
   (sólo parte blanca)
4 hojas de albahaca finamente picada
1 ½ tazas de caldo de gallina
1 ¼ tazas de crema de leche
Sal y pimienta al gusto
1 pizca de comino en polvo
½ taza de arvejas cocidas
2 champiñones cortados en rodajas
1 cda. de pimentón rojo, en cubitos

Preparación

Para la salsa de limón y jengibre: calentar
   una sartén con el aceite y saltear el ajo
   con la cebolla y el jengibre, por 2 minutos. Añadir 2 cditas. de la ralladura
   de limón, la limonaria, la albahaca
   y el caldo de pollo. Dejar reducir la
   salsa hasta obtener 2/3 de taza. Colar,
   colocar de nuevo en la sartén y añadir
   la crema de leche. Cocinar a fuego
   medio hasta que se espese ligeramente, o hasta que cubra el revés de
   una cuchara. Incorporar la ralladura
   restante, las arvejas, los champiñones
   y el pimentón. Cocinar por 2 minutos
   más, retirar y reservar.
Condimentar el pescado con sal y pimienta. Calentar una sartén grande
   con el aceite y freír la cebolla y el ajo.
   Incorporar el pescado y cocinar por
   3 minutos en cada lado. También se
   puede asar en parrilla.
Para servir, verter un poco de salsa en
   cada plato y salpicarla con el pimentón. Colocar encima el pescado. Esparcir sobre la salsa y servir.

Tiradito nikey de lenguado

Entrada

Restaurante Astrid y Gastón, Bogotá

Para 4 porciones

Tiempo de preparación: 15 minutos
Método de cocción: al natural
Calorías por porción: 169

Ingredientes

400 g de filete de lenguado
Sustitutos apropiados: filete de róbalo, pargo, mero, corvina de escama
2 cdas. de cebolla larga cortada en juliana
2 cditas. de ají rojo picante, finamente picado y lavado hasta que no pique
1 cdita. de jengibre rallado
Sal al gusto

Para la salsa de soya

½ taza de salsa de soya
30 g de panela
2 cdas. de vinagre de arroz
4 cdas. de jugo de limón
½ cda. de sake

Preparación

Para la salsa de soya: en un recipiente, disolver la panela con la soya y un poco de agua caliente. Retirar del fuego, agregar los ingredientes restantes, dejar enfriar y luego refrigerar.

Aparte, cortar el filete en láminas delgadas y disponerlas, extendidas, sobre un plato previamente enfriado en el refrigerador. Espolvorearlas con un poco de sal, jengibre y ají (no debe picar). Verter encima la salsa de soya, bien fría, y salpicar con la cebolla.

Sashimi de corvina con tomates asados y aderezo de balsámico

Entrada

Adan Bustos
Restaurante Takami, Bogotá

Para 4 porciones

Tiempo de preparación: 20 minutos
Método de cocción: horneado y salteado
Calorías por porción: 380

Ingredientes

Para el sashimi

500 g de filete de corvina fresca
Sustitutos apropiados: filete de mero, róbalo, pargo
1 cda. de sal marina
1 ½ cdas. de jugo de limón
1 cdita. de pimienta negra recién molida
2 cdas. de aceite de oliva

Para los tomates asados

6 tomates chontos
2 cdas. de aceite de oliva
2 cditas. de ajo triturado
½ cdita. de tomillo fresco, desmenuzado
1 cdita. de sal
1 cdita. de pimienta negra recién molida

Para el aderezo balsámico

½ taza de azúcar refinada
1 estrella de anís
1 taza de vinagre balsámico
¼ de taza de salsa de soya
1 cdita. de sal

Preparación

Para el sashimi: cortar el filete al estilo *sashimi*. Mezclar todos los ingre-dientes restantes y marinar el pescado; reservar refrigerado.

Para los tomates asados: pelar y cortar los tomates en mitades. Sazonar con la sal, la pimienta, el ajo y el tomillo. Precalentar el horno a 350ºC. Calentar una sartén con el aceite de oliva y saltear los tomates. Luego hornearlos por 5 a 7 minutos, retirar y reservar.

Para el aderezo balsámico: mezclar todos los ingredientes en una olla pequeña y dejar reducir a la mitad, a fuego lento. Retirar del fuego y dejar enfriar.

Preparación final

En el centro de un plato, disponer las tajadas de pescado en forma de espiral. Colocar los tomates a un lado y decorar con el aderezo balsámico. Servir de inmediato.

Ensalada de corvina

Entrada

Leopoldo Rojas
Restaurante Carambolo, Cali

Para 4 porciones

Tiempo de preparación: 10 minutos
Método de cocción: crudo
Calorías por porción: 495

Ingredientes

300 g de filete grueso de corvina, congelado
Sustitutos apropiados: róbalo, pargo, mero, bravo, dorado

Para la marinada

Sal y pimienta al gusto
5 cdas. de aceite de oliva
½ taza de zumo de maracuyá

Para la ensalada mixta

8 hojas de lechugas mixtas
4 hojas de rúgula
4 cdas. de aceite de oliva
3 cdas. de vinagre balsámico
Sal y pimienta al gusto

Para servir

8 tajadas de pan campesino
4 cdas. de queso crema
1 cda. de caviar o de ovas *lump fish*
3 cdas. de pimentón, previamente asado en parrilla u horno, y cortado en tiras

Preparación

Cortar las puntas del filete congelado y luego, con un cuchillo fino bien afilado o con una tajadora, rebanarlo en tajadas muy delgadas (casi transparentes). Mezclar la sal con la pimienta, el aceite de oliva, y el zumo de maracuyá, y marinar el pescado por unos minutos.

Para la ensalada mixta: lavar y escurrir las hojas de lechuga y de rúgula; partirlas con la mano en trozos grandes y aderezarlas con sal, pimienta, aceite de oliva y vinagre balsámico.

Aparte, tostar ligeramente las tajadas de pan y untarlas con el queso crema; colocar encima la corvina marinada.

Para servir, en el centro de un plato disponer un poco de ensalada en forma de torre. Colocar las tostadas de pan en cada extremo y decorarlas con el caviar y tiras del pimentón.

Filete de corvina en salsa de leche de coco

«Teresa Pizarro de Angulo»

Plato principal

Bernavela Moreno
Restaurante Lola, Sabor Latino

Para 4 porciones

Tiempo de preparación: 12 minutos
Método de cocción: salteado
Calorías por porción: 651

Ingredientes

1 kg de filete grueso de corvina
Sustitutos apropiados: róbalo, pargo, mero, brótula, bravo, dorado
Sal y pimienta al gusto
2 cdas. de aceite de oliva
½ taza de vino blanco seco

Para la salsa de leche de coco

1 cda. de aceite de oliva
1/3 de taza de cebolla larga cortada en juliana
½ taza de tomate sin piel ni semillas, cortado en cubos
4 cdas. de jengibre rallado
1 cdita. de semillas de cilantro
1 cdita. de ajo finamente picado
1 taza de leche de coco
1 ½ tazas de fondo de pescado*
Sal y pimienta al gusto

Preparación

Para la salsa de leche de coco: calentar una sartén con el aceite de oliva y sofreír la cebolla larga y el tomate. Cuando la cebolla esté ligeramente dorada, agregar el jengibre, las semillas de cilantro y el ajo. Continuar la cocción por 2 minutos más e incorporar la leche de coco y el fondo de pescado. Revolver y dejar reducir hasta que la salsa esté homogénea. Salpimentar al gusto y reservar.

Aparte, salpimentar el filete de corvina. Calentar una sartén con el aceite y dorar el filete por ambos lados. Agregar el vino y a continuación la salsa de leche de coco reservada. Continuar la cocción por 5 minutos más.

Para servir, rociar cada plato con la salsa; colocar encima el filete de pescado y acompañar con tostadas de plátano y ensalada verde

Carpaccio de mero

Entremés

Isidro Jaramillo

Para 4 porciones

Tiempo de preparación: 15 minutos
Método de cocción: crudo
Calorías por porción: 298

Ingredientes

400 g de filete grueso de mero, congelado

Sustitutos apropiados: corvina, pargo, róbalo, dorado, medregal
Sal y pimienta al gusto
6 cdas. de aceite de oliva
6 cdas. de vinagre balsámico
¾ de taza de cebolla cabezona roja finamente picada
1 taza de tomate sin semillas, cortado en cubitos
Pan francés cortado en tajadas
Mantequilla para untar (opcional)

Preparación

Cortar las puntas del filete congelado y luego, con un cuchillo fino bien afilado o con una tajadora, rebanarlo en tajadas muy delgadas (casi transparentes). Disponerlas en una bandeja, salpimentarlas y con una brocha de cocina, pincelarlas primero con el aceite y luego con el vinagre. Esparcir encima la cebolla y el tomate, en forma homogénea.
Servir sobre las tajadas de pan (si se desea, el pan se puede untar previamente con mantequilla).

Pargo a la koskera

Plato principal

Vanessa Figueroa
Restaurante Club de Pesca, Cartagena

Para 4 porciones

Tiempo de marinado: 5 minutos
Tiempo de preparación: 45 minutos
Método de cocción: saltear - freír
Calorías por porción: 931

Ingredientes

4 pargos plateros* enteros, sin escamas, con incisiones para freír*
Sustitutos apropiados: corvina, róbalo platero o sargo
1 taza de jugo de limón
1 taza de harina de trigo
Aceite para freír

Para la salsa de mariscos

200 g de langostino crudo 16/20, pelado y desvenado
6 a 8 almejas en su concha
200 g de tubo de calamar picado
200 g de camarón crudo, pelado y desvenado
4 cdas. de aceite vegetal
½ taza de cebolla roja cortada en juliana
1 cdita. de ajo triturado
1 cda. de páprika
2 tazas de fondo de pescado*
½ taza de pimentón rojo y verde, cortado en juliana
¼ de taza de pimentón amarillo, cortado en juliana
2 cdas. de cilantro finamente picado
1 taza de leche de coco*
1 copa de brandy
Sal y pimienta al gusto
1 cdita. de fécula de maíz
1 cdita. de guindilla finamente picada (opcional)

Preparación

Marinar el pescado en el limón con un poco de sal. Luego rebozarlo en la harina y sacudirlo suavemente para retirar el exceso. Freírlo en aceite bien caliente durante 15 minutos, volteándolo varias veces y cuidando que la piel quede crujiente y el interior tierno. Retirar del aceite, escurrir y reservar.

Para la salsa: calentar una sartén con el aceite y saltear la cebolla con el ajo. Agregar los mariscos y el brandy, flamear. Añadir la páprika, el fondo de pescado y los pimentones. Dejar reducir a fuego bajo. Luego salpicar con el cilantro y revolver con la leche de coco; salpimentar. Si fuera necesario espesar un poco la salsa, incorporar la fécula, disuelta en un poco de agua fría, y la guindilla.

Para servir, colocar el pescado entero sobre hojas de bijao o de plátano, rociarlo con la salsa, dejando al descubierto la cabeza y la cola. Se sugiere acompañar este plato con arroz con coco y patacones, o con ensalada fresca.

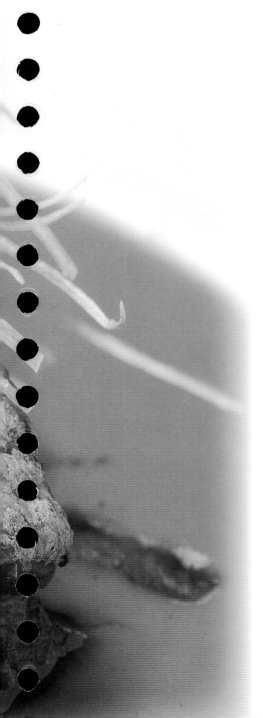

Estofado de pargo

Plato principal

Michael Furmansky
Restaurante Michael, Bogotá

Para 4 porciones

Tiempo de preparación: 70 minutos
Método de cocción: salteado y horneado
Calorías por porción: 1.920

Ingredientes

1 kg de filete de pargo
Sustitutos apropiados: mero, róbalo,
    brótula, corvina
3 berenjenas grandes
½ taza de yogur natural sin dulce
1 cda. de miel de abejas
1 taza de aceitunas negras picadas
½ taza de alcaparras picadas
2 cdas. de cebolla roja cortada en
    juliana
1 lb de tomates secos deshidratados
½ lb de queso parmesano
1 taza de miga de pan
3 cdas. de harina de trigo
4 cdas. de aceite de oliva

Para el estofado

2 cdas. de aceite
½ cda. de ajo triturado
3 cdas. de cebolla blanca picada
1 taza de jerez
2 litros de fondo de pescado*
3 latas de tomate pomodoro, licuado
2 tazas de papas, peladas y cortadas en
    cubos
4 plátanos maduros, cortados en cubos

Preparación

Para el estofado: en un recipiente con
    el aceite, sofreír la cebolla con el
    ajo. Verter el jerez y dejar reducir a
    la mitad. Añadir el fondo, el puré
    de tomate, las papas y el plátano.
    Revolver, dejar cocinar por unos
    minutos y reservar.

Para el puré de berenjenas: hornear las
    berenjenas a 300ºC durante 1 hora.
    Dejar enfriar y luego pelarlas y
    partirlas. Licuar la berenjena con
    el yogur y la miel, hasta obtener un
    puré; reservar.

Aparte, mezclar las aceitunas con las
    alcaparras, la cebolla, el tomate, el
    queso, la miga de pan y la harina;
    reservar.

En una bandeja engrasada con el
    aceite, disponer los filetes; salpi-
    mentarlos. Cubrir el pescado con el
    puré de berenjena y encima con la
    mezcla de aceitunas reservada. Pre-
    calentar el horno a 350ºC, y cocinar
    el pescado durante 15 minutos;
    retirar.

Servir el pescado con el estofado re-
    servado, en un plato hondo.

Filete de mero con salsa de vino blanco

Plato principal

Jorge Rausch
Restaurante Criterión, Bogotá

Para 4 porciones

Tiempo de preparación: 20 minutos
Método de cocción: saltear y hornear
Calorías por porción: 1.035

Ingredientes

1 kg de filete de mero fresco
Sustitutos apropiados: filete de róbalo, corvina, pargo, brótula o lenguado)
½ taza de mantequilla
Sal y pimienta al gusto

Para la salsa de vino blanco

1 taza de vino blanco seco
1 ¼ tazas de crema de leche
1 ¼ tazas de fondo de pescado o de pollo
1 ¼ tazas de champiñones bien blancos, finamente tajados
1 ¼ tazas de cebolla blanca cortada en juliana
¼ de taza de mantequilla
2 cditas. de jugo de limón
Sal y pimienta de Cayena al gusto

Para la guarnición

600 g de puré de papa
½ taza de habichuelines cocidos por 5 minutos en trozos de 2 cm
½ taza de zanahorias *baby* cocidas por 4 minutos en trozos de 2 cm
½ taza de habas blanqueadas por 2 minutos y peladas
½ taza de tomates pelados, sin semillas y cortados en cubitos

Preparación

Para la salsa de vino blanco: calentar una sartén con la mantequilla y saltear la cebolla por 5 minutos, sin dejar dorar. Añadir los champiñones y el jugo de limón (el jugo se usa para evitar que los champiñones, y por ende la salsa, se oscurezcan). Saltear por otros 2 minutos y verter el vino. Continuar con la cocción hasta que se reduzca a 1/3 de su volumen. Incorporar el fondo y la crema de leche, dejar reducir nuevamente hasta la mitad de su volumen. Por último, pasar la salsa por un colador fino y salpimentar al gusto.

Aparte, derretir la mantequilla en una sartén antiadherente hasta que comience a dorar. Incorporar el pescado y dorarlo ligeramente por ambos lados; salpimentar al gusto. Precalentar el horno a 200°C, y hornear el pescado durante 7 minutos.

Mientras tanto, calentar el puré de papa y las verduras restantes, por separado.

Para servir, disponer un poco del puré en el centro de un plato, colocar encima el pescado y rodearlo con las verduras. Rociarlo generosamente con la salsa de vino.

Sancocho de pargo con leche de coco

Plato principal

Francisco Mejía
Hotel Irotama, Santa Marta

Para 4 porciones
Tiempo de preparación: 1 hora
Método de cocción: cocido
Calorías por porción: 1.339

Ingredientes

800 g de filete de pargo sin piel, cortado en 8 trozos
Sustitutos apropiados: mero, corvina, róbalo
½ taza de cebollín picado
1 cda. de ajo triturado
½ taza de arroz (para espesar)
½ lb de yuca, pelada y partida en trozos grandes
2 plátanos verdes, pelados y partidos en trozos grandes
½ lb de ñame, pelado y partido en trozos grandes
2 mazorcas cortadas en mitades
1 taza de zanahoria cortada en cubos
½ lb de papa entera, a medio pelar (enchaquetada)
1 taza de leche de coco*
Sal al gusto

Para el consomé

2 lb de cabezas y espinazos de pargo
1 taza de cebollín picado
1 taza de apio picado
1 taza de zanahoria cortada en trozos gruesos
½ taza de dientes de ajo enteros, pelados
8 litros de agua

Preparación

Para el consomé: hervir todos los ingredientes en el agua, disminuir la temperatura a medio y continuar la cocción durante media hora más; colar y reservar.

Aparte, sazonar el pargo con un poco de sal y freírlo en aceite bien caliente; reservar.

Agregar al caldo reservado el cebollín, el ajo, la yuca, el plátano, el ñame, las mazorcas, la zanahoria y la papa, y cocinar a fuego bajo durante 30 ó 40 minutos. Cuando todos estén tiernos, adicionar el pescado y la leche de coco y cocinar por otros 2 ó 3 minutos.

Servir acompañado con arroz blanco, patacón frito* y tajadas de aguacate.

97

Mero con pasta marañón

Entrada

Restaurante La Vitrola, Cartagena

Para 4 porciones

Tiempo de preparación: 10 minutos
Método de cocción: plancha
Calorías por porción: 777

Ingredientes

1 kg de filete de mero
Sustitutos apropiados: filete de róbalo, pargo, corvina, brótula
2 cditas. de ajo triturado

½ taza de marañón, pelado y picado
   grueso
3 cdas. de aceite vegetal
1 ½ tazas de albahaca picada gruesa
1 taza de queso parmesano
1 cda. de aceite de oliva

Preparación

Sazonar el filete con sal, pimienta y
   ajo, colocarlo sobre una plancha y
   dorarlo por ambos lados.
Mezclar todos los ingredientes restantes, revolver bien y verter sobre el
   pescado. Disponerlo nuevamente
   sobre la plancha, durante 2 minutos, hasta que se dore.
Servir acompañado con arroz con
   coco*.

Corvina en crocante de *phyllo* con salsa de mariscos

Plato principal

Restaurante Fish Market, Bogotá

Para 4 porciones

Tiempo de preparación: 15 minutos
Método de cocción: salteado y horneado
Calorías por porción: 498

Ingredientes

800 g de filete de corvina, cortada en trozos
Sustitutos apropiados: róbalo, pargo, mero

Para la salsa de mariscos

60 g de tentáculos de calamar
60 g de tubos de calamar
40 g de camarón crudo, pelado y desvenado (de cualquier talla)
2 cdas. de mantequilla
1 cda. de aceite
1 ½ cdas. de cebolla cabezona blanca finamente picada
1 cdita. de ajo triturado
1 copa de vino blanco seco
1 taza de *bisque* de langostinos*
Sal y pimienta al gusto

Para la envoltura

100 g de pasta *phyllo* (4 hojas)

Preparación

Para la salsa de mariscos: calentar una sartén con el aceite y la mantequilla y saltear la cebolla y el ajo. Adicionar los mariscos, mezclar y continuar la cocción por 1 ó 2 minutos. Agregar el vino y el bisque; cocinar por otros 2 minutos; reservar caliente.

Aparte, calentar una sartén antiadherente con 1 cda. de aceite, y saltear los trozos de corvina durante 2 minutos por cada lado. Precalentar el horno a 150°C. Envolver los trozos de pescado en las hojas de *phyllo* y disponerlos en un molde o bandeja refractaria, previamente engrasada. Hornear hasta que la pasta se dore. Servir de inmediato, rociados con la salsa.

Acompañamiento sugerido: espinacas al vapor.

Pescado al cartocho

Plato principal

Francesca Monsalve

Restaurante Donde Francesca, Isla de San Andrés

Para 4 porciones

Tiempo de preparación: 35 minutos
Método de cocción: horno
Calorías por porción: 494

Ingredientes

4 pescados blancos enteros, de 500 a 600 g
c/u, con los cortes transversales*, sin
escamas, cola ni aletas

Para la salsa

½ taza de aceite de oliva
¼ de taza de vino blanco
¼ de taza de salsa de soya
¼ de taza de salsa teriyaki
¼ de taza de jugo de limón
2 cditas. de ajo triturado
2 cdas. de cebolla cabezona roja finamente
picada
1 cda. de aceite de ajonjolí
1 ½ tazas de pimentón verde cortado en
juliana
1 taza de zanahoria cortada en juliana
1 ½ tazas de cebolla cabezona blanca cortada en juliana
4 cdas. de albahaca fresca cortada en juliana
1 cdita. de jengibre fresco rallado

Preparación

Para la salsa: mezclar bien todos los
ingredientes.
Aplicar esta preparación en los cortes de los
pescados, en la cavidad de la víscera y en
la cabeza. Envolverlos en papel aluminio,
dejando una amplia cámara de aire, y cerrar perfectamente para que no se salga
el vapor. No debe haber ningún orificio o
rotura en el papel aluminio.
Precalentar el horno a 350°C durante 30
minutos.
Servir acompañado con arroz blanco.

Pargo a la sal

Plato principal

José Augusto Pajares
Restaurante Pajares Salinas, Bogotá

Para 4 porciones

Tiempo de preparación: 50 minutos
Método de cocción: horno
Calorías por porción: 749

Ingredientes

2 kg de pargo entero, sin vísceras, con
    escamas
Sustitutos apropiados: sargo, róbalo
    platero, corvina platera

2 kg de sal gruesa o sal marina
Aceite de oliva virgen

Preparación

Humedecer ligeramente la sal para
    volverla más compacta. Precalentar
    el horno a 220°C.
En un molde refractario o bandeja
    para hornear, colocar una capa
    gruesa de sal, y encima disponer
    el pescado (con escamas); cubrirlo
    con la sal restante.
Hornearlo durante 45 minutos, retirar
    del horno, romper la costra de sal y
    quitarle la piel. Trinchar el lomo y
    servir proporcionalmente la parte
    superior. Retirar la espina central y

servir la parte inferior. Rociar con
    aceite de oliva. Se puede acompa-
    ñar con *aliol**
Paradójicamente, este pescado puede
    resultar insulso (bajo de sal), por
    lo que es conveniente colocar en la
    mesa un montoncito de sal gruesa,
    para que cada comensal la agregue
    a su gusto.

Mero a la vasca

Plato principal

José Augusto Pajares
Restaurante Pajares Salinas, Bogotá

Para 4 porciones

Tiempo de preparación: 12 minutos
Método de cocción: salteado
Calorías por porción: 953

Ingredientes

800 g de filete de róbalo
Sustitutos apropiados: filete de pargo,
    mero, corvina, brótula
200 g de mejillón o almeja con concha
200 g de langostino crudo, pelado y
    desvenado

3 cdas. de harina de trigo
1 taza de aceite de oliva
1 cdita. de ajo finamente picado
½ taza de vino blanco
2 cdas. de pasta de tomate
½ litro de fondo de pescado*
½ taza de arvejas cocidas
¼ de taza de pimentón asado, cortado
    en juliana fina
1 cda. de perejil picado
Sal y pimienta al gusto

Preparación

Cortar el filete en 2 trozos por persona. Salpimentar y rebozarlo en 2 cdas. de harina. Calentar una sartén con un poco del aceite de oliva y saltear el ajo. Incorporar el pescado y dorar ligeramente por ambas caras. Retirar el pescado, incorporar a la sartén la cucharada restante de harina y remover con el resto del aceite. Verter el vino, añadir la pasta de tomate y luego el fondo de pescado. Continuar la cocción a fuego medio, durante 2 minutos, revolviendo para que no se pegue. Incorporar de nuevo el pescado, agregar las arvejas y el pimentón, y dejar por otros 4 minutos. Retirar y dejar reposar con el recipiente tapado.
Servir salpicado con el perejil.

Tapao de pargo

Plato principal

Dídimo Varona M.

Restaurante El Palacio del Mar, Cali

Para 4 porciones

Tiempo de preparación: 20 minutos

Método de cocción: cocido y vapor

Calorías por porción: 350

Ingredientes

4 pargos plateros de 400 a 600 g c/u

Sustitutos apropiados: sargo, róbalo o corvina platera

½ taza de jugo de limón

Sal al gusto

3 cdas. de aceite

1 cdita. de ajo triturado

1 cda. de cimarrón picado (opcional: cilantro)

½ taza de cebolla larga picada

1 cda. de albahaca fresca picada

8 porciones de plátano maduro o verde, pelado

8 papas peladas

¾ de taza de cebollas cabezonas blancas, cortadas en trozos

1 taza de tomate, sin semillas, finamente picado

1 cda. de cilantro fresco finamente picado

Preparación

Adobar el pescado con el jugo de limón y la sal.

Aparte, cocinar los plátanos y papas en agua. Calentar una olla con el aceite, y saltear el ajo con el cimarrón, la cebolla y la albahaca. Incorporar los pescados. Dejar cocinar por 15 minutos con la olla tapada.

Servir el pescado en cada plato, con cuidado para que no se deshaga. Acompañar con arroz blanco, ensalada y 2 tostadas de plátano.

Róbalo fresco con costra de arroz tostado y salsa de chile dulce y piña

Plato principal

Harry Sasson / Restaurante Harry Sasson, Bogotá

Para 4 porciones

Tiempo de preparación: 220 minutos
Método de cocción: salteado y horneado
Calorías por porción: 877

Ingredientes

1 kg de filete de róbalo
Sustitutos apropiados: filete de mero, pargo, corvina, brótula
3 cdas. de jugo de limón
Sal y pimienta al gusto
2 cditas. de aceite de ajonjolí

Para el arroz tostado
2 tazas de arroz

Para la salsa

2 cdas. de aceite
½ taza de piña cortada en trozos, sin corazón
¼ de taza de pimentón rojo, cortado en cubitos
½ taza de azúcar refinada
¼ de taza de vinagre
½ cdita. de ají en polvo
1 taza de salsa de tomate

Preparación

Para la salsa: calentar una sartén con el aceite, y saltear el pimentón y la piña por 2 minutos. Mezclar el azúcar con el vinagre, adicionar la mezcla al salteado y dejar cocinar por otros 5 minutos. Incorporar el ají y dejar por otro minuto. Retirar del fuego, agregar la salsa de tomate, mezclar y reservar.

Para el arroz tostado: remojar el arroz durante 3 horas. Precalentar el horno a 250°C. Escurrir el arroz y hornear por 25 minutos. En un procesador o molino casero, moler finamente el arroz; reservar.

Marinar el filete en el jugo de limón durante 5 minutos; salpimentar y adicionar el aceite de ajonjolí. Dejarlo por 2 ó 3 minutos, luego escurrirlo y rebozarlo en la harina de arroz reservada. Calentar una sartén con el aceite, incorporar el pescado y sellarlo por ambos lados. Servir bien caliente, con la salsa por encima.

Pescados azules SEMIGRASOS Y GRASOS

Tartar de bravo (Medregal)

Entrada - Entremés

Colegiatura Colombiana, Medellín

Para 4 porciones

Tiempo de preparación: 10 minutos
Método de cocción: crudo
Calorías por porción: 353

Ingredientes

500 g de filete de bravo, cortado en
    cubitos
Sustitutos apropiados: filete de dorado
    o de atún
¼ de taza de cebolla cabezona roja
    finamente picada
1 ½ cdas. de chile jalapeño, rojo o ver-
    de, finamente picado
2 cdas. de cebollín picado
2 cditas. de cáscara rallada de limón
¼ de taza de aceite de oliva extra
    virgen
3 cdas. de aceite de ajonjolí
2 cdas. de jugo de limón
Sal y pimienta al gusto

Preparación

Mezclar bien todos los ingredientes.
    Agregar generosamente sal y pi-
    mienta. Servir de inmediato, acom-
    pañado con tostadas.

Posta de sierra en mantequilla de limón y alcaparras

Plato principal

María Adelaida Moreno
Restaurante La Provincia, Medellín

Para 4 porciones

Tiempo de preparación: 10 minutos
Método de cocción: salteado
Calorías por porción: 953

Ingredientes

1 kg de sierra cortada en postas
Sustitutos apropiados: filete de dorado, bravo o atún
1 taza de harina de trigo
1 cda. de mantequilla
2 cdas. de aceite vegetal
Sal y pimienta al gusto

Para la mantequilla de limón

1 taza de mantequilla clarificada*
4 cdas. de jugo de limón
6 cdas. de alcaparras pequeñas

Preparación

Sazonar las postas con un poco de sal. Rebozarlas en la harina y sacudir suavemente para retirar el exceso. Calentar una sartén con la mantequilla y el aceite, y saltear las postas por 2 a 3 minutos en cada lado.

Para la mantequilla de limón: calentar la mantequilla clarificada con el jugo de limón y luego agregar las alcaparras. Verterla sobre las postas y servir de inmediato.

Garato de sierra

Entrada - Entremés

Colegiatura Colombiana, Medellín

Para 4 porciones

Tiempo de marinado: 30 horas
Tiempo de preparación: 20 minutos
Método de cocción: crudo
Calorías por porción: 407

Ingredientes

600 g de filete de sierra wahoo sin espinas
Sustitutos apropiados: filete de dorado, atún o medregal
2 tazas de sal
1 taza de aceite de oliva
1 taza de cebolla cabezona roja cortada en rodajas
1 cdita. de jugo de limón
Sal y pimienta al gusto

Preparación

Se debe retirar, perfectamente, todo residuo de sangre del pescado. Un palillo será un buen auxiliar para la limpieza. Cortar el filete en porciones de unos 5 cm de ancho.

En un recipiente de vidrio, colocar una capa de sal y sobre ésta disponer las porciones de pescado, cuidando que los bordes estén bien cubiertos con la sal. Disponer encima otra capa de sal, y sobre ésta las porciones restantes de pescado. Terminar con una capa gruesa de sal. Refrigerar mínimo por 24 horas y máximo por 60. Luego retirar la sal de las porciones, lavarlas muy bien en abundante agua. Sumergir varias veces los filetes en agua con hielo y refrigerarlos nuevamente dentro de un recipiente con agua fría, durante otras 3 horas. Cortar las porciones en láminas de unos 3 mm de espesor. Si se va consumir de inmediato, rociarlas abundantemente con aceite de oliva o de girasol, adicionar el limón, la cebolla y salpimentar. Servir sobre pan tostado o galletas.

Refrigeradas pueden conservarse hasta por 2 días, y para un tiempo superior se deben congelar, sumergiéndolas previamente, sin la cebolla, en aceite de oliva o de girasol.

Filete de bravo en salsa crêole

Plato principal

María Adelaida Moreno
Restaurante La Provincia, Medellín

Para 4 porciones
Tiempo de marinado: 5 minutos
Tiempo de preparación: 15 minutos
Método de cocción: salteado
Calorías por porción: 759

Ingredientes
800 g de filete de bravo
Sustitutos apropiados: medregal, dorado, sierra o atún
½ taza de jugo de limón
Sal al gusto
1 taza de harina de trigo
1 cda. de mantequilla
2 cdas. de aceite de oliva

Para la salsa crêole
7 cdas. de mantequilla
4 cditas. de condimentos *crêole**
1 ½ tazas de tomate sin piel ni semillas, picado
1 taza de cebolla larga (junca) finamente picada
1 cda. de champiñones cortados en láminas
2 tazas de vino blanco
1 cda. de perejil liso finamente picado, para decorar

Preparación
Primero marinar el pescado en el limón con un poco de sal, durante 5 minutos. Luego rebozarlo en la harina y sacudirlo suavemente para retirar el exceso. Calentar una sartén con la mantequilla y el aceite, y saltear el filete durante 2 a 3 minutos en cada lado.

Para la salsa crêole: en la mantequilla, sofreír los condimentos crêole, el tomate, la cebolla y los champiñones. Agregar el vino y dejar reducir hasta la mitad.

Para servir, disponer el pescado en un plato, rociar encima con la salsa y salpicar con el perejil.

Ceviche de pescado

Entrada

Isidro Jaramillo

Para 4 porciones

Tiempo de preparación: 15 minutos
Método de cocción: cocido
Calorías por porción: 374

Ingredientes

600 g de filete de dorado cortado en
    cubos
Sustitutos apropiados: filete de róbalo,
    lenguado, corvina, mero, pargo,
    medregal
2 tazas de cebolla cabezona roja corta-
    da en juliana
½ taza de cilantro fresco picado
1 cdita. de ají picante, finamente
    picado
3 tazas de jugo de limón
4 cdas. de granos grandes de maíz,
    fritos
300 g de yuca, pelada y cocida
Sal al gusto

Preparación

En un recipiente no metálico, mezclar
    los cubos de pescado con la cebolla,
    el cilantro y el ají; cubrirlos con el
    jugo de limón. Agregar el maíz y la
    sal; dejar reposar por unos 5 a 10
    minutos y servir acompañado con
    la yuca.

Arroz de lebranche

Plato principal

Luis Fonseca

Restaurante El Corral del Marisco, Barranquilla

Para 4 porciones

Tiempo de desalado: 24 horas
Tiempo de preparación: 30 minutos
Método de cocción: salteado y cocido
Calorías por porción: 649

Ingredientes

2 lb de lebranche seco, salado o
    salpreso*
Sustituto apropiado: lisa seca

Para el arroz

2 tazas de arroz
4 tazas del líquido de la cocción del
    lebranche
1 cda. de aceite
1 cdita. de color en polvo

Para la salsa

2 cdas. de aceite vegetal
2 cdas. de pimentón finamente picado
2 cdas. de tomate sin semillas, picado
1 cda. de repollo picado
2 cdas. de cebolla cabezona roja fina-
    mente picada
2 cdas. de cebollín picado
2 cditas. de ajo triturado
2 cdas. de salsa de tomate
2 cdas. de salsa negra
1 cda. de cilantro picado
1 cdita. de pimienta de olor
1 cdita. de comino

Preparación

Colocar el lebranche seco, o salpreso,
en un recipiente con agua fresca,
de un día para otro, para eliminar
la sal que contiene. Luego hervirlo
hasta que se ablande y colar, re-
servando el agua. Desmenuzar el
pescado.

Para el arroz: mezclar el agua de cocción reservada con el aceite y el
color, y cocinar el arroz hasta que
esté en su punto.

Para la salsa: calentar una sartén con
el aceite y saltear el pimentón con
el tomate, el repollo, la cebolla roja,
el cebollín y el ajo. Condimentar
con la pimienta de olor, la salsa negra, el comino y la salsa de tomate.
Incorporar el lebranche desmenuzado y mezclar bien. Dejar cocinar
por unos minutos y retirar del
calor. Luego mezclar la preparación
anterior con el arroz.

Servir acompañado con patacón y
suero costeño.

Tartar de atún con sabores asiáticos y tobiko

Entrada

Harry Sasson

Restaurante Harry Sasson, Bogotá

Para 4 porciones

Tiempo de preparación: 15 minutos
Método de cocción: crudo
Calorías por porción: 486

Ingredientes

1 kg de filete de atún, sin piel
Sustituto apropiado: filete de salmón
2 cdas. de jengibre fresco rallado
4 cdas. de cebollín picado
½ taza de mango verde pelado y picado
¾ de taza de aguacate pelado y picado

Para la mayonesa de siracha y cilantro

½ taza de mayonesa
1 o 2 cditas. de salsa siracha (salsa japonesa picante)
2 cdas. de cilantro picado
2 cditas. de jugo de limón
1 cdita. de salsa de soya
1 cdita. de vinagre de arroz

Para decorar

Semillas tostadas de ajonjolí
Hojas de nori
Wasabe recién preparado

Preparación

Para la mayonesa: revolver todos los ingredientes con la mayonesa. Mezclar el jengibre con el cebollín, el mango y el aguacate, y adicionar a la mayonesa, mezclando bien; reservar.

Cortar el atún en cubitos y mezclarlos bien con la mayonesa reservada.

En recipientes pequeños, como opciones para los comensales, colocar separadamente las semillas de ajonjolí, las hojas de nori y el *wasabe*.

Atún apanado con pimienta negra y vinagreta de caviar

Entrada

Jorge Rausch

Restaurante Criterión, Bogotá

Para 4 porciones

Tiempo de marinado: 2 horas
Tiempo de preparación: 20 minutos
Método de cocción: salteado
Calorías por porción: 184

Ingredientes

400 g de lomo de atún fresco
1 ½ cdas. de pimienta negra molida gruesa
2 cdas. de aceite de oliva extra virgen
4 cdas. de caviar o huevos de *lump fish*
Sal al gusto

Para la vinagreta de caviar

1 ¼ tazas de aceite de oliva
1 yema de huevo
2 cditas. de mostaza Dijon
2 cditas. de vinagre de vino blanco
4 cdas. de agua
Sal y pimienta al gusto
4 cdas. de caviar o huevos de *lump fish*

Para los tomates marinados

6 tomates chonto
1 ½ cdas. de aceite de oliva extra virgen
Sal y pimienta recién molida, al gusto

Para la ensalada mixta

10 hojas de distintas variedades de lechuga, troceadas con la mano
Crispis de arracacha, para decorar*

Preparación

Desechar del lomo de atún cualquier tejido conectivo. Calentar una sartén con las 2 cdas. de aceite y sellar el lomo durante 30 segundos por cada lado; retirarlo del fuego. Sazonarlo homogéneamente con la sal y bastante pimienta. Envolverlo en papel vinipel, presionándolo para formar un cilindro. Refrigerarlo durante 2 horas.

Con un cuchillo bien filoso, cortar trozos de 1, 5 cm de ancho (deben calcularse 3 trozos por plato); reservar.

Para la vinagreta de caviar: licuar la yema con el aceite de oliva, la mostaza y el vinagre, hasta obtener una emulsión. Si estuviera muy sólida, añadir un poco de agua. Retirar de la licuadora a un recipiente de vidrio, y con cuidado, mezclar con el caviar y salpimentar.

Para los tomates marinados: blanquear los tomates por 10 segundos en un recipiente con agua a punto de ebullición. Luego refrescarlos en agua helada, para detener la cocción. Pelarlos, partirlos en mitades y desechar las semillas.

Rociarlos con aceite y salpimentar. Precalentar el horno a 100°C, y hornear los tomates por 30 minutos.

Preparación final

Hacer la ensalada y rociarla ligeramente con la vinagreta; disponerla en el centro de cada plato, con 3 trozos de atún alrededor, intercalando con el tomate. Decorar encima del atún con el caviar y sobre la ensalada con unos *crispis* de arracacha; rociar el borde del plato con la vinagreta.

Hamburguesas de pescado

Entrada - Entremés

Eneida Brown
Restaurante Eneida, Santa Catalina

Para 4 porciones

Tiempo de preparación: 15 minutos
Método de cocción: cocido y frito
Calorías por porción: 304

Ingredientes

2 lb de filete de atún
Sustitutos apropiados: filete de sierra,
    bonito o pargo
2 huevos batidos
½ taza de cebolla cabezona roja fina-
    mente picada
2 cditas. de ajo triturado
½ taza de albahaca finamente picada
½ taza de pimentón finamente picado
1 cubito de caldo de gallina (opcional)
Sal y pimienta al gusto

Preparación

Cocinar el pescado en agua hirviendo,
    a fuego alto por 5 minutos; retirar,
    dejar enfriar y desmenuzar.
Licuar la cebolla con los huevos, el ajo,
    la albahaca, el pimentón y el cubito
    de gallina. Mezclar con el pescado
    desmenuzado, armar las hambur-
    guesas y freírlas en aceite caliente.
    Servir de inmediato.

Lebranche al cabrito

Plato principal

Luis Fonseca
Restaurante El Corral del Marisco, Barranquilla

Para 4 porciones

Tiempo de preparación: 60 minutos
Método de cocción: salteado y
    horneado
Calorías por porción: 678

Ingredientes

4 unidades de lebranche relajado* o
    corte mariposa* de 400 a 600 g c/u,
    con escamas
Sustitutos apropiados: pescados pla-
    teros, corte mariposa, como pargo,
    róbalo, corvina
2 cdas. de aceite vegetal
2 cdas. de pimentón finamente picado
2 cdas. de tomate sin semillas, picado
1 cda. de repollo picado
2 cdas. de cebolla cabezona roja fina-
    mente picada
2 cditas. de ajo triturado
2 cdas. de salsa negra

1 cdita. de pimienta de olor
1 cdita. de comino en polvo
1 cdita. de color en polvo
1 cda. de cilantro picado
1 cda. de cebollín picado

Preparación

Mezclar bien todos los ingredientes
    y usar para rellenar el pescado
    (con escamas). Envolverlo en papel
    aluminio. Precalentar el horno a
    250°C y hornear el pescado duran-
    te 45 minutos.
Servir acompañado con yuca cocida y
    suero costeño.

117

Crustáceos

Camarones a las finas hierbas

Plato principal - Entremés

Colegiatura Colombiana, Medellín

Para 4 porciones

Tiempo de preparación: 10 minutos

Método de cocción: cocido

Calorías por porción: 825

Ingredientes

2 lb de camarón crudo, pelado y
desvenado

Sustituto apropiado: langostino
crudo de cualquier talla, pelado y
desvenado

1 taza de vino blanco seco

1 cdita. de semillas de mostaza

2 cditas. de pimienta roja en escamas

2 hojas de laurel

1 cda. de jugo de limón

Para la marinada a las finas hierbas

3 cdas. de albahaca fresca picada

3 cdas. de eneldo fresco picado

1 cda. de romero fresco picado

1 cda. de estragón fresco picado

1 cda. de tomillo fresco picado

½ cda. de ajo triturado

1 ½ cdas. de mostaza Dijon

5 cdas. de jugo de limón

1 taza de aceite de oliva extra virgen

½ taza de pimentón rojo cortado en
cubitos

½ taza de pimentón amarillo cortado
en cubitos

Preparación

En una olla grande, combinar el vino
con la mostaza, la pimienta, el
laurel y el jugo de limón. Agregar
agua hasta cubrir holgadamente los
ingredientes. Calentar el agua, adicionar los camarones y cocinarlos
por 2 minutos (no deben sobrecoci-
narse porque se endurecen). Colar,
enfriarlos con agua fría, volver a
colar y reservar.

Para la marinada a las finas hierbas: en
un recipiente de vidrio combinar la
albahaca con el eneldo, el romero,
el estragón y el tomillo; reservar
un poco para decorar. Agregar la
mostaza, el ajo y el jugo de limón.
Mezclar bien con un batidor e incorporar lentamente el aceite de
oliva, hasta obtener una emulsión;
salpimentar. Agregar los pimentones y los camarones; dejar marinar
por alrededor de 3 horas.

Servir a temperatura ambiente.

Camarones con puré de papa, cilantro y salsa de tomate

Plato principal

Juanita Umaña
Restaurante Índigo, Bogotá

Para 4 porciones

Tiempo de preparación: 25 minutos
Método de cocción: salteado y cocido
Calorías por porción: 310

Ingredientes

800 g de camarón crudo o cocido, 61/70, pelado y desvenado
Sustituto apropiado: cualquier otra talla de camarón crudo o cocido, pelado y desvenado
2 cdas. de jugo de limón
4 cditas. de ron
1 ½ tazas de papas sabaneras, cortadas en finas rodajas
Aceite, cantidad suficiente para freír
Hojas de cilantro, para decorar

Para el puré de papa con cilantro

5 papas pastusas medianas, peladas
1 lb de papa criolla pelada
2 tallos de cebolla larga
2 cditas. de cilantro fresco picado
4 cdas. de perejil liso fresco, picado
¼ de cdita. de ajo triturado
¼ de cdita. de chile jalapeño finamente picado
½ taza de aceite de oliva
Sal y pimienta al gusto

Para la salsa de tomate

1 cda. de aceite de oliva
1 cda. de cebolla cabezona blanca finamente picada
1 cdita. de ajo finamente picado
1 1/3 tazas de tomate chonto bien maduro, sin piel ni semillas, cortado en trozos medianos
¼ de cdita. de comino en polvo
2 cdas. de pasta de tomate
1 taza de caldo de pollo
1 cda. de mantequilla
Sal y pimienta negra recién molida
1 cda. de hojas de cilantro fresco, enteras, para decorar

Preparación

Para el puré de papa con cilantro: cocinar en agua hirviendo las papas pastusas y las criollas con los tallos de cebolla. Dejar enfriar un poco y hacer un puré. Licuar el cilantro con el perejil, el ajo y el chile. Verter poco a poco el aceite, hasta obtener una mezcla homogénea; retirar y salpimentar. Incorporar la mezcla de cilantro al puré de papas; reservar.

Para la salsa de tomate: calentar una sartén grande con el aceite, y saltear el ajo y la cebolla por 2 minutos. Agregar el tomate, el comino y la pasta de tomate; dejar por otro minuto. Verter el caldo y continuar la cocción a fuego medio por 10 minutos más. Licuar, no demasiado, hasta que esté integrado.

Verter de nuevo la salsa en la sartén y agregar la mantequilla. Si la salsa quedara muy espesa, añadir más caldo; reservar.

En un recipiente, mezclar los camarones con el ron, el jugo de limón, sal y pimienta. Incorporar la salsa de tomate reservada y cocinar por 3 minutos.

Aparte, freír las rodajas de papa hasta que estén doradas. Poner el puré de papa en una manga (opcional).

Para servir, colocar una rodaja de papa en el centro de un plato, y cubrirla con un poco de puré, colocar encima otra rodaja de papa y cubrirla nuevamente con puré. Repetir hasta tener 3 capas, finalizando con el puré. Esparcir la salsa con los camarones alrededor de este timbal, y decorar con hojas de cilantro.

Camarones en hamaca

Entrada

Restaurante La Vitrola, Cartagena

Para 4 porciones

Tiempo de preparación: 10 minutos
Método de cocción: salteado
Calorías por porción: 2488

Ingredientes

500 g de camarón crudo 51/60, pelado y desvenado, con corte mariposa*
Sustituto apropiado: camarón crudo de cualquier talla, pelado y desvenado)
1 cda. de ajo triturado
3 cdas. de mantequilla
½ taza de crema de leche
¾ de copa de vino blanco seco
1 cda. de harina de trigo
3 cdas. de agua
1 litro de aceite, para freír
2 plátanos verdes
1 ½ cdas. de perejil picado
Sal y pimienta al gusto

Preparación

Dejar escurrir bien los camarones en un colador.

Calentar una sartén con la mantequilla, y saltear el ajo y los camarones durante un par de minutos. Incorporar el perejil, la crema, el vino y la harina previamente disuelta en las 3 cdas. de agua; salpimentar.

Servir decorado con el perejil, acompañados con patacones fritos*.

Arroz de camarones de Camarones

Plato fuerte
La Guajira

Para 4 porciones

Tiempo de preparación: 30 minutos
Método de cocción: salteado y cocido
Calorías por porción: 345

Ingredientes

500 g de camarón tití seco, con
    cáscara
1 taza de arroz
½ cda. de ajo triturado
    4 cdas. de cebollín picado
2 cdas. de aceite vegetal

Preparación

Pelar el camarón, ya sea a mano (lo
    mejor) o colocándolo dentro de una
    tela de cocina limpia y golpeándolo
    suavemente para que la cáscara se
    desprenda.

Cocinar las cáscaras en agua hirvien-
    do por unos 5 minutos, licuar, colar
    y reservar el líquido de cocción.
Calentar una olla con el aceite y sal-
    tear el ajo con el cebollín. Adicionar
    el líquido de cocción reservado y
    cocinar allí el arroz. Cuando se
    esté secando el arroz, incorporar
    el camarón, revolver y continuar la
    cocción, hasta que el arroz esté en
    su punto.
Servir acompañado con patacones*.

Langostinos *sweet sour* con trozos de macadamia

Plato principal
Restaurante Fish Market, Bogotá

Para 4 porciones
Tiempo de preparación: 15 minutos
Método de cocción: salteado
Calorías por porción: 654

Ingredientes
1 ½ lb de langostino crudo U15, pelado
y desvenado
Sustituto apropiado: cualquier langostino, del U8 al 26/30

Para la salsa sweet sour
2 cdas. de aceite de girasol
½ cda. de ajo triturado
½ cda. de jengibre rallado
½ taza de mermelada de guayaba
½ taza de salsa de tomate sin semillas,
cortado en cubitos
1 cda. de vinagre de frutas
1 cda. de miel de abejas
1 cda. de salsa de soya
3 cdas. de nueces de macadamia, picadas gruesas y doradas en el horno

Para los vegetales
4 cdas. de aceite de girasol
2 cdas. de harina de trigo
½ taza de calabacín verde cortado en
cubitos
½ taza de calabacín amarillo cortado
en cubitos
¼ de taza de pimentón finamente
picado
¼ de taza de cebolla cabezona roja
finamente picada
¼ de taza de puerro finamente picado

Preparación
Para la salsa sweet sour: calentar una
sartén con las 2 cdas. de aceite, y
saltear el ajo con el jengibre. Incorporar la mermelada, la salsa de tomate, el vinagre y la miel. Mezclar,
continuar la cocción a fuego medio
por 10 minutos más, y luego agregar
la salsa de soya. Reservar caliente.

Para los vegetales: en una olla calentar
el aceite y saltear los calabacines, el
pimentón y las cebollas. Adicionar
la harina, revolver hasta que se incorpore bien y reservar caliente.

Aparte, saltear los langostinos por
ambos lados, durante unos minutos
(deben quedar crocantes).

Para servir, colocar los vegetales en
el centro de un plato, disponer los
langostinos alrededor y rociar con
la salsa caliente.

Langostinos en salsa de chontaduro

Plato principal

Mauricio López

Para 4 porciones

Tiempo de preparación: 20 minutos
Método de cocción: salteado
Calorías por porción: 1.278

Ingredientes

1 ½ lb de langostino U12 ó 16/20, pelado, con cola, desvenado*
Sustituto apropiado: cualquier langostino, de U8 a 26/30
2 cocos pequeños, partidos por la mitad

2 cdas. de jugo de limón
1 cdita. de ajo triturado

Para la salsa de chontaduro

4 cdas. de coco rallado deshidratado, dulce
2 cdas. de aceite de oliva
1 cda. de cebolla cabezona blanca, picada
2 chontaduros pelados y sin semillas
1 copa de aguardiente
1 taza de consomé de vegetales*
1 taza de crema de leche
1 cdita. de cebollín picado
Sal y pimienta al gusto

Preparación

Primero marinar los langostinos durante 2 ó 3 minutos en el jugo de limón, con el ajo y un poco de sal y pimienta.

Para la salsa de chontaduro: calentar una sartén y dorar el coco; reservar. En la misma sartén, bien caliente, colocar el aceite de oliva y saltear la cebolla y el chontaduro durante 1 minuto. íncorporar los langostinos, revolver bien, verter el aguardiente y flamear. Luego añadir el consomé de vegetales y continuar la cocción hasta que 1/3 del líquido se haya reducido. Incorporar la crema de leche y el coco, y cocinar por 2 ó 3 minutos más hasta que la preparación adquiera consistencia. Por último, adicionar el cebollín.

Para servir, disponer las 4 mitades del coco sobre bases estables, colocar los langostinos sobre los bordes, con las colas hacia afuera, y verter encima la preparación. Acompañar con arroz blanco, bajo en sal.

Langostinos a la Devis

Plato principal

Devis de la Cruz Heredia
Restaurante Devis, Barranquilla

Para 4 porciones

Tiempo de preparación: 15 minutos
Método de cocción: salteado
Calorías por porción: 557

Ingredientes

800 g de langostino 16/20, pelado y desvenado, cortado estilo mariposa*
Sustituto apropiado: cualquier langostino, de U8 a 26/30
2 cdas. de jugo de limón
2 cditas. de mostaza
¼ de lb de mantequilla
½ cda. de ajo triturado
1 cda. de cebolla cabezona blanca finamente picada
2 cdas. de pimentón rojo finamente picado
2 cdas. de pimentón verde finamente picado
6 espárragos cortados en trozos de 1 pulgada
8 champiñones grandes cortados en juliana
½ cda. de estragón en polvo
¼ de taza de caldo de pescado*
6 cdas. de vino blanco seco
6 cdas. de crema de leche *light*
Sal y pimienta al gusto

Preparación

Marinar los langostinos en el jugo de limón con la mostaza, un poco de sal y pimienta, durante 2 ó 3 minutos.

Calentar una sartén con la mantequilla, y saltear los langostinos con el ajo y la cebolla. Luego adicionar el pimentón, los espárragos, los champiñones, el estragón y el caldo de pescado. Dejar reducir e incorporar el vino. Continuar con la cocción durante 1 o 2 minutos más y adicionar la crema de leche. Dejar reducir.

Servir acompañado con arroz o puré de papas.

Langostinos al tamarindo

Plato principal

Michael Furmansky
Restaurante Michael, Bogotá

Para 4 porciones

Tiempo de preparación: 15 minutos
Método de cocción: salteado
Calorías por porción: 833

Ingredientes

1 kg de langostino crudo U15, pelado y
    desvenado
Sustituto apropiado: langostino U12,
    16/20, 21/25 ó 26/30
1 cda. de aceite de oliva

500 g de pulpa de tamarindo (2 bolsas)
1 taza de mermelada de naranja
1 cda. de romero fresco finamente
    picado
2 cditas. de ajo triturado
4 cdas. de ajonjolí tostado
Sal y pimienta al gusto

Preparación

Calentar una sartén a fuego medio con
    el aceite de oliva, y saltear el ajo con
    el romero. Agregar el tamarindo y
    la mermelada. Mezclar bien y salpi-
    mentar. Incorporar los langostinos,
    mezclar y continuar la cocción por
    unos minutos más, cuidando que
    los langostinos queden crocantes.
Servir acompañado con ensalada de
    aguacate*

Langostinos indonesios

Entrada

Restaurante La Vitrola, Cartagena

Para 4 porciones

Tiempo de preparación: 15 minutos
Método de cocción: salteado
Calorías por porción: 946

Ingredientes

24 langostinos crudos U15 con cola, pelados y desvenados* con corte mariposa
Sustituto apropiado: langostinos U12, 16/20, 21/25 ó 26/30
500 g de espaguetis
4 cdas. de aceite de oliva
2 cditas. de mantequilla
1 cdita. de ajo triturado
Sal y pimienta al gusto

Para la salsa indonesa

2 cdas. de mantequilla
3 cdas. de aceite de oliva
¾ de taza de cebolla larga finamente picada
1 taza de cebolla cabezona blanca finamente picada
1 taza de pimentón finamente picado
½ cda. de pasta de curry
1 cda. de coco rallado
½ taza de crema de coco
½ taza de jugo de tamarindo
1 cdita. de salsa de pescado
½ taza de crema de leche
1 cdita. de ajo triturado

Preparación

Para la salsa indonesa: calentar una sartén con el aceite y la mantequilla, y saltear los vegetales hasta que estén transparentes. Luego agregar el tamarindo, la leche de coco, el curry y la salsa de pescado; dejar hervir por unos minutos. Por último, incorporar la crema de coco y la crema de leche, salpimentar y servir.

Aparte, calentar una sartén con el aceite de oliva y sofreír el ajo, salpimentar y luego incorporar los langostinos; cocinar por unos minutos más.

Hervir la pasta en agua hasta que esté *al dente;* escurrir y servir en cada plato con los langostinos encima, rociados con la salsa indonesa.

127

Yakis Pinchos de langostino y mango sobre ceviche de pepino con dulce de soya, miel y jengibre

Plato principal

Adan Bustos

Restaurante Takami, Bogotá

Para 4 porciones

Tiempo de preparación: 15 minutos
Método de cocción: plancha o parrilla
Calorías por porción: 542

Ingredientes

Para los yakis (pinchos)

8 palitos de bambú
1 lb de langostino 21/25, pelado, desvenado y con cola*
500 g de mango maduro
1 cda. de aceite de ajonjolí
1 cdita. de sal
1 cdita. de salsa de soya *light*
1 cda. de semillas de ajonjolí

Para el ceviche de pepino y uvas

200 g de uvas verdes
200 g de pepino europeo cortado en cubitos
200 g de tomate cherry cortado en mitades
100 g de cebolla cabezona roja cortada en cubitos
2 cdas. de jugo de limón
1 cdita. de aceite de oliva
1 cdita. de cilantro fresco
½ cdita. de chile fresco picado
Sal al gusto

Para el aderezo de soya y miel

4 cdas. de miel de abejas
1 cdita. de jengibre rallado
6 cdas. de aceite de soya

Preparación

Para los yakis: marinar los langostinos en el aceite de ajonjolí con la sal, la salsa de soya y las semillas de ajonjolí. Armar los yakis.

Para el ceviche: cortar las uvas en mitades y retirar las semillas. En un recipiente de vidrio, mezclar el pepino con el tomate y la cebolla. Adicionar el limón, la sal, el chile, el cilantro y el aceite de oliva; mezclar bien.

Para el aderezo de soya y miel: mezclar todos los ingredientes y reservar

Preparación final

Asar los yakis de langostinos sobre una plancha.
Servir el ceviche en el centro de cada plato, y encima disponer los yakis; rociarlos con el aderezo.

Langosta "Alou"

Plato principal

Vanessa Figueroa
Restaurante Club de Pesca, Cartagena

Para 4 porciones
Tiempo de preparación: 20 minutos
Método de cocción: salteado y parrilla
   (o plancha)
Calorías por porción: 345

Ingredientes
4 colas de langostas de 7 u 8 onzas c/u,
   partidas por la mitad*
200 g de hongos Portobellos cortados
   en juliana
200 g de hongos Oysters cortados en
   juliana (pueden reemplazarse por
   champiñones grandes u orellanas)

Para la salsa
6 cdas. de aceite de oliva
2 cditas. de ajo triturado
4 cdas. de cebolla blanca finamente
   picada
¼ de taza de vino Chardonnay blanco
¼ de taza de fondo de pescado*
¼ de taza de crema de leche
1 cda. de perejil fresco finamente
   picado
Sal y pimienta blanca al gusto
2 zanahorias

Preparación
Para la salsa: calentar una sartén con
2 cdas. de aceite de oliva, y saltear
1 cdita. de ajo con 2 cdas. de cebolla. Añadir el vino y dejar reducir
un poco. Incorporar el fondo,
dejar reducir y agregar la crema
de leche. Salpimentar y reservar
caliente.

Aparte, calentar otra sartén con el
resto del aceite, y saltear los hongos
con la cebolla y el ajo restante. Retirar del fuego, salpicar con el perejil,
mezclar con la salsa y rectificar el
sabor.

Salpimentar las colas de langosta y
asarlas sobre parrilla o plancha
(deben quedar jugosas).

Servirlas rociadas con la salsa. Acompañamiento sugerido: zanahorias
voladoras (cortarlas en finas tajadas, con una mandolina o un
cuchillo bien afilado; untarlas con
un poco de aceite de oliva, sal y
pimienta, y servir.

Ceviche de langostinos

Plato principal

Dídimo Varona M.
Restaurante El Palacio del Mar, Cali

Para 4 porciones

Tiempo de preparación: 5 minutos
Método de cocción: cocido
Calorías por porción: 742

Ingredientes

2 libras de langostino pelado y desvenado (de cualquier talla)
Sustitutos apropiados: camarón y anillos de calamar
1 ½ tazas de cebolla cabezona roja finamente picada
½ cda. de ajo bien triturado
10 cdas. de salsa de tomate
½ cdita. de salsa negra
1 copita de brandy
jugo de limón al gusto
4 cdas. de cilantro fresco finamente picado
1 cdita. de aceite de oliva
1 copa de jugo de naranja
12 tiras bien delgadas de plátano frito

Preparación

Cocinar los langostinos en agua por 3 minutos, pasarlos a un recipiente con cubos de hielo, para enfriarlos rápidamente. Mezclarlos con todos los ingredientes. Decorar con las tiras de plátano y acompañar con galletas de soda y rodajas de limón.

Langosta Costa Brava

Plato principal

Restaurante Casa San Isidro, Bogotá

Para 4 porciones

Tiempo de marinado: 5 minutos
Tiempo de preparación: 45 minutos
Método de cocción: saltear - freír
Calorías por porción: 427

Ingredientes

4 colas de langosta de 8 ó 9 onzas c/u*,
    limpias y cortadas en medallones

Para la salsa

4 cdas. de mantequilla
½ cdita. de ajo triturado
½ taza de cebolla cabezona blanca
    finamente picada
½ taza de tomate pelado y sin semillas,
    cortado en cubitos
2 tazas de crema de leche
1 cda. de Pernod
6 cdas. de jugo de limón
6 a 8 hebras de azafrán
Sal y pimienta al gusto

Preparación

Para la salsa: calentar una sartén con
    la mantequilla, y saltear el ajo con
    la cebolla y el tomate. Mezclar,
    salpimentar e incorporar la crema
    de leche y el azafrán; continuar la
    cocción por 2 minutos más.
Aparte, saltear la langosta en 1 cda.
    de mantequilla, verter el Pernod y
    flamear.
Disponer la salsa en cada plato y co-
    locar encima los medallones de
    langosta.
Servir acompañado con papas en
    mantequilla de limón*.

Bisque de langosta

Entrada
Restaurante Casa San Isidro, Bogotá

Para 4 porciones
Tiempo de marinado: 5 minutos
Tiempo de preparación: 45 minutos
Método de cocción: saltear - freír
Calorías por porción: 932

Ingredientes

2 kg de recortes (cabezas o patas) de
    langosta
1 cola talla 6* cortada en medallones
    (opcional)
1 cda. de aceite de oliva
2 cdas. de mantequilla
6 cdas. de zanahoria cortada en
    cubitos
2 cdas. de apio cortado en trocitos
1 diente de ajo entero, aplastado
½ copa de coñac
1 cda. de pasta de tomate
1 cdita. de perejil fresco picado
1 cdita. de tomillo fresco picado
1 cdita. de estragón en polvo
1 copa de vino blanco
4 tazas de agua
4 tazas de fondo de pescado*
1 taza de crema de leche
Sal y pimienta al gusto

Preparación

Para el bisque: lavar los recortes de
langosta y partirlos en pedazos
no muy grandes. Calentarlos en el
aceite de oliva durante 5 minutos,
revolviendo de vez en cuando.
Incorporar la mantequilla, la zanahoria, el apio y el ajo. Sofreír
ligeramente y verter el coñac.
Luego agregar la pasta de tomate,
las hierbas, el vino blanco, el agua
y el fondo. Continuar la cocción a
fuego bajo por 20 minutos, añadir
la crema de leche, revolver y dejar en el fuego por 2 ó 3 minutos
más. Luego pasar la mezcla por un
colador chino, haciendo presión.
Revolver, salpimentar y servir en
cada plato con 2 ó 3 medallones
de cola de langosta previamente
salteados.

Ceviche de cangrejo con sangrita y ensalada de aguacate

Entrada

Leonor Espinosa
Restaurante Leo, cocina y cava, Bogotá

Para 4 porciones

Tiempo de preparación: 15 minutos
Método de cocción: no lleva
Calorías por porción: 345

Ingredientes

454 g de jaiba *blue crab, jumbo* o *lump*
Sustitutos apropiados: carne de jaiba o
    de cangreja*
4 cdas. de cebolla cabezona roja corta-
    da en juliana
1 cda. de cilantro fresco finamente
    picado
½ taza de granos de maíz, cocidos
    hasta que estén blandos
12 palitos de yuca
Sal y pimienta al gusto

Para la sangrita

2 tazas de jugo de tomate
4 cdas. de jugo de naranja
4 cdas. de jugo de limón
½ cda. de azúcar refinada
½ cdita. de salsa inglesa
    (Worcestershire)
½ cdita. de ají Tabasco, o al gusto
Sal al gusto

Para la ensalada de aguacate

1 taza de aguacate cortado en cubitos
    de 1x1 cm
1 cda. de jugo de limón
½ cda. de cebollín picado
½ cda. de aceite de oliva
Sal y pimienta al gusto

Preparación

Para la sangrita: en una coctelera o en
un vaso, batir todos los ingredientes; reservar refrigerada.

Para la ensalada de aguacate: salpimentar el aguacate, rociarlo con
el jugo de limón para que no se
oscurezca, y combinarlo con los
ingredientes restantes, revolviendo
cuidadosamente.

Aparte, mezclar la carne de cangrejo
con la sangrita, la cebolla y el cilantro; salpimentar.

Preparación final

En cuatro copas de martinI, disponer
primero los granos de maíz, luego
la mezcla de cangrejo y terminar
con la ensalada de aguacate.
Acompañar con palitos de yuca fritos.

Sopa de cangrejo

Entrada

Eneida Brown

Restaurante Eneida, Santa Catalina

Para 4 porciones

Tiempo de preparación: 20 a 50
  minutos
Método de cocción: salteado y cocido
Calorías por porción: 877

Ingredientes

450 g de carne de cangrejo negro,
  limpia
Sustitutos apropiados: blue crab special o claw*, o carne de jaiba o de cangreja
2 cdas. de aceite de coco* o aceite
  vegetal
2 hojas grandes de mejorana fresca
1 cdita. de ajo triturado
2 cdas. de cebolla cabezona roja cortada en juliana
3 cdas. de cebolla cabezona blanca
  cortada en juliana
6 tazas de agua
1 plátano verde cortado en tajadas
1 ½ lb de cola de cerdo en salmuera
  (opcional)
½ taza de pimentón rojo cortado en
  tiras
1 ½ lb de yuca pelada y partida en trozos medianos
1 lb de ñame pelado y partido en trozos medianos
1 cda. de harina de trigo
5 cdas. de mantequilla
3 cdas. de albahaca fresca troceada a
  mano
1 cda. de jugo de limón
Sal y pimienta al gusto

Preparación

Si se van usar las colas de cerdo, cocinarlas primero en agua hirviendo durante 20 minutos, en olla de presión, y luego cortarlas en pedazos y saltearlas en el aceite, con la mejorana y el ajo. Agregar las cebollas y sofreír hasta que ablanden. Luego incorporar la carne de cangrejo, revolver bien y reservar.
Aparte, hervir el agua y agregar los plátanos, las colas de cerdo reservadas y el pimentón; dejar cocinar por 5 minutos. Agregar la yuca, el ñame y el sofrito del cangrejo. Disolver la harina en 1 taza de agua, y agregarla a la preparación con la mantequilla, la albahaca y el jugo de limón. Salpimentar y continuar la cocción por 10 ó 15 minutos más.
Servir de inmediato.

Cangrejo relleno
Crab Back

Entrada

Eneida Brown

Restaurante Eneida, Santa Catalina

Para 4 porciones

Tiempo de preparación: 15 minutos
Método de cocción: horno
Calorías por porción: 154

Ingredientes

450 g de carne de cangrejo negro,
  limpia
Sustitutos apropiados: Blue Crab special o claw*, o carne de jaiba o de cangreja
8 caparazones de cangrejo de tamaño
  mediano, limpios y bien lavados
2 cdas. de aceite de coco* o aceite
  vegetal
½ taza de cebolla cabezona blanca
  finamente picada
1 cdita. de ají picante finamente
  picado
2 cdas. de pimentón rojo finamente
  picado
Sal y pimienta al gusto

Preparación

Calentar una sartén con el aceite y sofreír las cebollas con el ají, el ajo y el pimentón. Mezclar con la carne, salpimentar y rellenar los carapachos. Precalentar el horno a 200°C y hornear el cangrejo durante 3 ó 4 minutos. Servir de inmediato, acompañado con patacones*.

Gazpacho con ensalada de cangrejo

Entrada

Jorge Rausch / Restaurante Criterión, Bogotá

Para 4 porciones

Refrigeración previa: 15 horas
Tiempo de preparación: 15 minutos
Método de cocción: no lleva
Calorías por porción: 208

Ingredientes

Para la ensalada de cangrejo

454 g de jaiba *blue crab jumbo* o *lump*
Sustituto apropiado: carne de jaiba o
   de cangreja*
½ taza de mayonesa
2 cdas. de crema de leche
1 ½ cdas. de jugo de limón
2 cditas. de perejil liso finamente
   picado
1 cdita. de cilantro finamente picado
Sal y pimienta al gusto

Para el gazpacho

3 ½ tazas de tomate chonto bien maduro, cortado en trozos
1 taza de pimentón rojo sin semillas,
   cortado en trozos
1 taza de pepino europeo pelado y sin
   semillas
½ taza de cebolla cabezona blanca
   cortada en juliana
2 cditas. de ajo triturado
2 cdas. de pasta de tomate
1 cda. de vinagre de vino blanco
1 cda. de azúcar refinada
2 cditas. de hojas enteras de albahaca
   fresca
½ cdita. de pimienta de Cayena
Sal al gusto

Pepino sin semillas cortado en juliana
fina, para decorar

Preparación

Para la ensalada de cangrejo: mezclar
   bien todos los ingredientes; salpimentar y reservar.
Para el gazpacho: mezclar todos los
   ingredientes en un recipiente y
   refrigerar durante 24 horas. Luego
   retirar la albahaca y licuar muy bien
   la mezcla; pasarla por un colador
   fino y salpimentar.

Preparación final

En el momento de servir, disponer una
   torre de ensalada de cangrejo en
   cada plato y encima, pepino cortado
   en juliana. Servir el gazpacho bien
   frío en un recipiente aparte, para
   que cada comensal rocíe la ensalada
   a su gusto.

Encocado de jaiba

Plato principal

Dídimo Varona M.
Restaurante El Palacio del Mar, Cali

Para 4 porciones

Tiempo de preparación: 15 minutos
Método de cocción: cocido
Calorías por porción: 86

Ingredientes

8 jaibas enteras
8 trozos de plátano maduro
8 papas
4 tazas de leche de coco
2 tazas de leche de vaca
½ taza de pimentones rojos finamente picados
½ taza de cebolla cabezona roja finamente picada
1 cdita. de ajo
2 ramas de tomillo fresco
2 cdas. de cimarrón fresco picado
2 cdas. de poleo fresco
1 copa de brandy
1 cda. de crema de leche
2 cdas. de cilantro fresco finamente picado
1 cda. de mantequilla
1 cda. de salsa negra
Sal al gusto

Preparación

Cocinar las papas en agua, hasta que estén tiernas.

Aparte, en un recipiente que pueda llevarse a la mesa, mezclar las leches de coco y de vaca y cocinar las jaibas con los ingredientes restantes durante 15 minutos. Acompañar con arroz, coco, ensalada y patacones.

Moluscos

Pulpo a la gallega

Plato principal

José Augusto Pajares
Restaurante Pajares Salinas, Bogotá

Para 4 porciones

Tiempo de preparación: 180 minutos
Método de cocción: cocido
Calorías por porción: 1.132

Ingredientes

2 kg de pulpo
1 cda. de sal marina
1 cda. de páprika
1/3 de taza de aceite de oliva
   extra virgen
6 papas sabaneras peladas, enteras

Preparación

Forma gallega de ablandar el pulpo:
   sobre una superficie dura, golpear
   el pulpo con una piedra o mazo,
   hasta romperle la fibra. Tomarlo
   de la cabeza e introducirlo en agua
   hirviendo sin sal, preferiblemente
   en un caldero de cobre. Retirarlo,
   repetir el golpeteo por dos veces
   más, y entonces dejarlo caer dentro
   del recipiente y continuar la cocción por 60 a 90 minutos, hasta que
   esté blando. Retirar y dejar enfriar.
   Cortar la cabeza y los tentáculos en
   rodajas del mismo espesor.
En la misma agua (siempre sin sal) incorporar las papas y cocinar hasta
   que estén blandas; retirar y cortarlas en rodajas finas.
En el momento de servir, disponer una
   capa de papas en cada plato, y encima el pulpo. Añadir la sal marina,
   espolvorear con la páprika y final-
   mente rociar con el aceite de oliva.

Escabeche de pulpo

Entrada

Isidro Jaramillo

Para 4 porciones

Tiempo de preparación: 70 minutos
Método de cocción: cocido
Calorías por porción 1.267

Ingredientes

3 tazas de pulpo cocido*, cortado en
 trocitos
Sustitutos apropiados: camarón o
 langostino, cortados en trozos
1 taza de cebolla cabezona blanca
 cortada en juliana
¾ de taza de pimentón cortado en
 juliana
1 taza de tomate, sin semillas, cortado
 en cubitos
3 cdas. de aceitunas descarozadas,
 picadas
1 cda. de alcaparras picadas
¾ de taza de aceite de oliva
½ taza de aceite balsámico
Sal y pimienta al gusto

Preparación

Calentar una sartén con 2 cdas. de
 aceite, y saltear la cebolla con el
 pimentón, hasta que ablanden. En
 un recipiente no metálico, mezclar
 todos los ingredientes restantes,
 salpimentar y servir.

Pulpo con arvejas y tomate

Entrada

Mauro Prosperi
Restaurante La Enoteca, Cartagena

Para 4 porciones
Tiempo de preparación: 90 minutos
Método de cocción: salteado
Calorías por porción: 776

Ingredientes

2 tazas de pulpo ablandado* y picado
1 taza de arvejas
2 cdas. de aceite de oliva
4 cdas. de cebolla cabezona blanca
  finamente picada
2 cditas. de perejil finamente picado
1 taza de fondo de pescado
½ cdita. de peperoncino en escamas
4 cdas. de vino blanco seco
1 ½ tazas de salsa napolitana, ya
  preparada
Sal y pimienta al gusto
Perejil fresco picado, para decorar

Preparación

Calentar una sartén con el aceite de
  oliva, y saltear la cebolla; añadir
  el perejil y el pulpo; continuar la
  cocción por 3 minutos más y agregar el vino. Dejar reducir un poco
  e incorporar el caldo de pescado y
  la salsa napolitana. Continuar co-
  cinando a fuego medio, agregar las
  arvejas y salpimentar.
En el momento de servir, salpicar encima con un poco de perejil picado.

Pulpito asado con salsa de corozo costeño

Plato principal

Leonor Espinosa

Restaurante Leo, cocina y cava, Bogotá

Para 4 porciones

Tiempo de preparación: 90 minutos
Método de cocción: salteado, cocido y frito
Calorías por porción: 2.176

Ingredientes

4 pulpos de aprox. 400 g c/u, cocidos*

Para la marinada

4 cdas. de salsa de soya
2 cditas. de azúcar refinada
½ cdita. de salsa inglesa

Para la salsa de corozo

500 g de corozo
1 litro de agua
1 taza de azúcar refinada
½ cdita. de ají picante, o al gusto
Para los buñuelos de arroz con queso costeño
1 ½ tazas de arroz
1 ½ tazas de queso costeño rallado
4 huevos batidos
1 ½ cditas. de polvo para hornear
1 cda. de cebollín picado
2 cdas. de cilantro picado
Sal y pimienta al gusto

Preparación

Para la marinada: combinar todos los ingredientes, introducir el pulpo y dejarlo por unos minutos. Calentar una sartén o wok con el aceite, y saltear el pulpo. Escurrirlo sobre papel absorbente y reservar caliente.

Para la salsa de corozos: cocinar los corozos en el agua hasta ablandarlos. Pelar y licuarlos por 20 segundos, para sacarles bien el jugo. Tamizar y calentar el extracto con el azúcar, revolviendo suavemente hasta que se reduzca un poco y se obtenga una salsa consistente.

Para los buñuelos de arroz con queso costeño: remojar el arroz con 1 hora de anticipación. Tamizar y pasarlo por un molino. Mezclar el queso con el arroz y el resto de los ingredientes. Freírlos por cucharadas en aceite caliente. Escurrirlos sobre papel absorbente.

Preparación final

Saltear el cilantro y reservar. En el momento de servir, disponer un poco de salsa de corozo en cada plato, y encima el pulpo, con los buñuelos de arroz alrededor. Decorar con el cebollín y el cilantro.

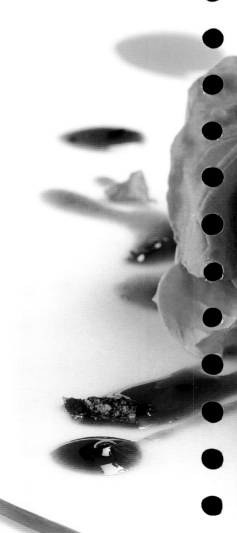

Anillos de calamar con rollos de mango y mayonesa de maracuyá

Plato principal

Juanita Umaña / Restaurante Índigo, Bogotá

Para 4 porciones

Tiempo de preparación: 15 minutos
Método de cocción: freír
Calorías por porción: 971

Ingredientes

700 g de anillos de calamar
2 cdas. de jugo de limón
½ cda. de pimienta de Cayena
2 tazas de harina de trigo
Sal al gusto

Para la mayonesa de maracuyá

½ taza de pulpa de maracuyá (100 g)
½ taza de agua
1 taza de mayonesa
2 cditas. de hierbabuena cortada en juliana
2 cdas. de mango, cortado en cubitos
1 cda. de cilantro fresco picado
1 cda. de almendras picadas o partidas en trocitos
½ cdita. de ají picante, picado
Sal al gusto

Para los rollos de mango rellenos con vegetales

12 tajadas delgadas de mango, con piel
2 tazas de zanahoria cortada en juliana
2 tazas de pepino cohombro cortado en juliana
3 tazas de lechuga lisa cortada en juliana
2 cdas. de aceite de oliva
Sal y pimienta al gusto

Preparación

Para la mayonesa de maracuyá: licuar la pulpa del maracuyá con el agua, añadir la mayonesa y continuar licuando hasta que esté homogénea y suave. Verter esta mezcla en una vasija y agregar los ingredientes restantes; reservar refrigerada.

Para los rollos de mango rellenos: colocar las tiras de lechuga en un recipiente, con el pepino cohombro y la zanahoria. Sazonar con el aceite de oliva, la sal y la pimienta. En el borde de cada tajada de mango disponer un poco de la preparación anterior y enrollar; reservar refrigerado.

Aparte, condimentar los anillos de calamar con el jugo de limón, la pimienta y la sal. Rebozarlos en la harina y sacudir ligeramente para retirar el exceso. Freírlos en aceite caliente por 3 minutos, o hasta que estén dorados. Retirar y escurrir sobre papel absorbente.

Preparación final

En el momento de servir, disponer 3 rollos en cada plato, con los calamares alrededor. Rociar encima con la mayonesa y salpicar con el cilantro.

Calamares coimbra

Plato principal

Restaurante Frutos del Mar, Medellín

Para 4 porciones

Tiempo de preparación: 130 minutos
Método de cocción: salteado y
    escalfado
Calorías por porción: 804

Ingredientes

600 g de tubos de calamar*
200 g de calamar T&T* picado

Para el guiso

¾ de taza de aceite de oliva
½ taza de cebolla cabezona blanca,
    picada
½ taza de cebolla larga picada
2/3 de taza de pimentón rojo picado
2 cditas. de ajo triturado
2 cditas. de mejorana fresca picada
½ taza de arroz crudo
¾ de taza de *prosciutto* finamente
    picado
2 cdas. de salsa teriyaki
½ cdita. de ají picante
Sal y pimienta
3 tazas de fondo de pescado*
4 cdas. de vino tinto
½ taza de crema de leche

Preparación

Para el guiso: calentar un recipiente
    con el aceite de oliva y saltear las
    cebollas con el pimentón y el ajo.
    Revolver, agregar la mejorana, el
    arroz, el *prosciutto*, el calamar pi-
cado, la salsa teriyaki, el ají, el vino,
    sal y pimienta.
Mezclar bien y con este guiso rellenar
    los tubos de calamar hasta la mitad,
    sujetando los bordes con un palillo.
Aparte, colocar un poco del guiso
    en una olla, y disponer encima los
    calamares a medio rellenar. Cubrir-
    los con el guiso restante, verter el
    fondo de pescado y cocinar por 2
    horas a fuego lento.
En el momento de servir, revolver la
    crema de leche con la salsa. Dis-
    poner algunos calamares en cada
    plato y rociar encima con la salsa.
    Acompañar con papas y brócoli al
    vapor.

Arroz negro

Plato principal

José Augusto Pajares

Restaurante Pajares Salinas, Bogotá

Para 4 porciones

Tiempo de preparación: 30 minutos

Método de cocción: cocido y salteado

Calorías por porción: 897

Ingredientes

300 g de anillos de calamar* o 750 g de calamar pequeño entero, limpio y cortado en
anillos*

Sustituto apropiado: camarón crudo, limpio y
desvenado

250 de camarón crudo entero (gamba)

3 tazas de arroz crudo

2 cdas. de aceite de oliva

½ taza de pimentón finamente picado

1/3 de taza de cebolla cabezona blanca finamente picada

1 cdita. de ajo triturado

6 tazas de fondo de pescado*

2 bolsas (de 10 g c/u) de tinta de calamar

Sal y pimienta al gusto

Preparación

Limpiar los camarones y reservar las cabezas
y cáscaras. Al fondo de pescado adicionarle
también las cabezas y las cáscaras del camarón. Calentar una paellera con el aceite
de oliva, y saltear el pimentón con la cebolla
y el ajo. Incorporar los anillos de calamar y
los camarones.

Aparte, vaciar las bolsas de tinta en el fondo
de pescado y revolver bien. Incorporar el
arroz y los ingredientes restantes a la paellera, verter encima el fondo de pescado;
salpimentar.

Continuar la cocción a fuego alto durante 10
minutos, sin dejar de revolver. Luego disminuir el calor a bajo, tapar el recipiente y
cocinar por otros 15 minutos. Dejar reposar
el arroz por 5 minutos.

Servir acompañado con pan y *alioli*.

Calamares rellenos con pasta de camarón

Plato principal
Restaurante La Fragata, Bogotá

Para 4 porciones

Tiempo de preparación: 30 minutos

Método de cocción: salteado y escalfado

Calorías por porción: 380

Ingredientes

400 g de tubo de calamar*

Para la pasta de camarón

1 ½ cdas. de mantequilla
½ lb de camarón tití precocido, molido
1 ½ cdas. de pimentón finamente picado
1 ½ cdas. de cebolla cabezona blanca finamente picada
1 cda. de zanahoria rallada

1 cdita. de ajo en polvo
l cda. de perejil liso finamente picado
2 cdas. de salsa *Béchamel**
Sal y pimienta al gusto

Para la salsa

6 cdas. de mantequilla
½ taza de cebolla cabezona blanca finamente picada
1 cda. de ajo en polvo
6 cdas. de alcaparras picadas
1 ½ cdas. de perejil liso picado
2 cditas. de mostaza
2 cditas. de pasta de tomate
2 cdas. de salsa *Béchamel**
6 cdas. de crema de leche
1 copa de jerez

Preparación

Para la pasta de camarón: calentar una sartén caliente con la mantequilla, saltear cada verdura por separado. Luego agregar el camarón y la *Béchamel*. Revolver y continuar la cocción por 1 ó 2 minutos más. Reservar y dejar enfriar.

Para la salsa: en una sartén caliente con la mantequilla, saltear cada verdura por separado. Adicionar la *Béchamel*, la crema de leche y el jerez; dejar reducir y reservar.

Preparación final

Escalfar los calamares durante 10 minutos en el fondo de pescado. Dejar enfriar y rellenarlos con la pasta. En el momento de servir, disponer los calamares rellenos en cada plato y rociar encima con la salsa. Acompañar con arroz blanco.

En el momento de servir, disponer los calamares rellenos en cada plato y rociar encima con la salsa. Acompañar con arroz blanco.

Ceviche de piangua

Entrada

Claudia Ruiz
Pacífico Restaurante, Cali

Para 4 porciones

Tiempo de preparación: 5 minutos
Método de cocción: cocido
Calorías por porción: 148

Ingredientes

500 g de piangua sin concha, limpia, ablandada* y picada

2 tazas de salsa de tomate

1 taza de cebolla cabezona roja cortada en juliana

3 cdas. de cilantro fresco finamente picado

½ taza de jugo de limón

Preparación

Cocinar la piangua en agua aproximadamente por 15 minutos; retirar del fuego, dejar enfriar y picarla no muy finamente.

En un recipiente aparte, mezclar la salsa de tomate con el limón, la cebolla y el cilantro; incorporar la piangua.

Servir en una cevichera sobre cama de lechuga, acompañada con moneditas de plátano fritas o galletas de sal.

Pulpitos crocantes

Plato principal

Restaurante Astrid y Gastón, Bogotá

Para 4 porciones

Tiempo de marinado: ½ hora después de cocido
Tiempo de preparación: 120 minutos
Método de cocción: salteado y parrilla o plancha
Calorías por porción: 2.960

Ingredientes

2 kg de pulpo Caribe pequeño
1 cebolla cabezona roja, entera
2 hojas de laurel
6 cdas. (100 g) de sal

Para la marinada

2 ½ tazas de aceite de oliva
2 dientes enteros de ajo, pelados
2 ramitas de tomillo fresco
2 hojas enteras de laurel

Para la crema de garbanzos

1 taza de garbanzos cocidos y hechos puré
2 cdas. de cebolla cabezona blanca finamente picada
2 cditas. de ajo finamente picado
2 cdas. de aceite de oliva
½ taza de caldo de vegetales*
1 ramita de romero fresco
Sal y pimienta blanca al gusto

Para el chimichurri de garbanzos

1 taza de garbanzos cocidos
1 cdita. de perejil picado
1 cdita. de guascas picadas
1 cda. de jugo de limón
3 cdas. de jugo de naranja
1 cda. de cáscara rallada de naranja
1 cdita. de cáscara rallada de limón
1 taza de aceite de oliva
Sal y pimienta al gusto

Preparación

Para cocinar el pulpo: en una olla, hervir agua con la cebolla, el laurel, el tomillo y la sal. Lavar los pulpos frotándolos con sal, para retirarle lo pegajoso; cortar la cabeza y gol-pear cada tentáculo con un mazo de cocina. Introducir los tentáculos en el recipiente con agua hirviendo, hasta que se ablanden, aproximadamente por 2 horas. Retirar y dejar enfriar.

Para la marinada: mezclar los ingredientes, introducir el pulpo y marinar.

Para la crema de garbanzos: calentar una olla con el aceite de oliva, y dorar la cebolla y el ajo a fuego bajo, hasta que se doren. Incorporar el puré de garbanzos y el caldo de verduras; salpimentar y añadir el romero.

Para el chimichurri de garbanzos: mezclar todos los ingredientes y reservar.

Calentar una parrilla o plancha y asar el pulpo por unos minutos, hasta que esté crocante. Retirar y cortarlo en cuatro partes.

En el momento de servir, disponer en cada plato un poco del puré y encima un trozo de pulpo asado, rociar con el chimichurri.

Buñuelos de caracol pala con crème fraîche al curry

Plato principal

Harry Sasson
Restaurante Harry Sasson, Bogotá

Para 4 porciones
Tiempo de preparación: 6 horas
Método de cocción: frito
Calorías por porción: 1.525

Ingredientes
Para los buñuelos
2 tazas de caracol pala, ablandado* y
   finamente picado

3 ó 4 tazas de harina de trigo
1 cdita. de polvo para hornear
1 cdita. de bicarbonato de sodio
4 huevos batidos
½ taza de cebolla cabezona roja,
   picada
½ taza de cebollín picado
2 tazas de maíz tierno (enlatado)
¼ de taza de semillas de ajonjolí
   tostadas
2 cditas. de aceite de ajonjolí
Sal y pimienta al gusto

Para la crème fraîche (agria)
2 cdas. de curry en polvo, de buena
   calidad
2 cdas. de jugo de limón
2 cdas. de cilantro fresco picado
1 taza de crema de leche
Sal y pimienta al gusto

Preparación
Para los buñuelos: salar un poco la
harina y mezclarla con el polvo
para hornear y el bicarbonato. En
un recipiente, mezclar los ingredientes restantes con el caracol, e
incorporarlos a la harina mezclando ligeramente.
Freír los buñuelos en abundante aceite
caliente, dejándolos caer desde una
cuchara. Escurrirlos sobre papel
absorbente.
Para la crème fraîche: mezclar el curry
con el limón y el cilantro. Agregar
la crema de leche y salpimentar.
Dejar reposar por 3 horas a temperatura ambiente y luego refrigerar,
mínimo por otras 3 horas o durante toda la noche.
En el momento de servir, disponer la
crema en cada plato y colocar encima los buñuelos

Encocado de caracol

Plato principal

Francesca Monsalve
Restaurante Donde Francesca,
Isla de San Andrés

Para 4 porciones

Tiempo de preparación: 60 minutos
Método de cocción: saltear
Calorías por porción: 356

Ingredientes

1 kg de filete de caracol, ablandado* y
   cortado en juliana gruesa
4 cdas. de cebolla cabezona blanca
   cortada en juliana
2 cdas. de aceite de coco*
4 cdas. de la primera leche de coco*
1 cda. de titote*
Sal y pimienta al gusto

Preparación

Calentar una sartén con el aceite de
   coco, y saltear la cebolla hasta que
   esté dorada. Añadir el caracol y
   revolver constantemente. Verter
   la leche de coco y dejar reducir un
   poco. Salpimentar e incorporar el
   titote.
Servir acompañado con arroz blanco.

Bolitas de caracol
Conch Ball

Entrada - Entremés

Eneida Brown
Restaurante Eneida, Santa Catalina

Para 4 porciones

Tiempo de preparación: 60 minutos
Método de cocción: frito
Calorías por porción: 220

Ingredientes

2 tazas de filete de caracol pala, ablandado y troceado
2 cditas. de ajo triturado
1 cdita. de ají picante, picado
1 cda. de harina de trigo
1 huevo batido
Sal y pimienta al gusto
Aceite de coco o vegetal, cantidad suficiente para freír

Preparación

Licuar el caracol con el ajo y el ají. Salpimentar la mezcla y adicionar el huevo y la harina, revolver y armar bolitas. Freírlas en aceite caliente, hasta que estén doradas.

Platos combinados

Ceviche de pulpo y lenguado

Entrada

Restaurante Astrid y Gastón, Bogotá

Para 4 porciones

Tiempo de preparación: 15 minutos
Método de cocción: no lleva
Calorías por porción: 192

Ingredientes

250 g de filete de lenguado cortado en
    cubitos de 2 cm
Sustitutos apropiados: róbalo, corvina,
    pargo, mero o merito fileteado
120 g de tentáculos de pulpo cortados
    en láminas no muy delgadas
1 ají rojo picante
¾ de taza de jugo de limón
1 taza de caldo de pescado*
½ cdita. de pasta de ajo
4 cdas. de cebolla cabezona roja corta-
    da en juliana
2 cditas. de cilantro fresco picado
Sal al gusto
3 cubos de hielo
Trozos de arracacha cocida, para
    acompañar

Preparación

Frotar un recipiente con la punta del
    ají rojo; esto hará que el picante
    penetre en el pescado. Agregar el
    pescado, la sal y el jugo de limón.
    Adicionar el pulpo, la cebolla, el
    cilantro, el caldo y el hielo. Revolver
    bien para que los sabores de todos
    los ingredientes se integren; retirar
    el hielo.
Servir de inmediato, acompañado con
    trozos de arracacha cocida.

Arepitas de huevo de codorniz y marisco

Entremés

Vanessa Figueroa

Restaurante Club de Pesca, Cartagena

Para 4 porciones

Tiempo de preparación: 40 minutos
Método de cocción: freír - saltear
Calorías por porción: 1.836

Ingredientes

Para el relleno

80 g de tubos de calamar picados

80 g de camarón crudo* pelado, desvenado y picado

50 g de caracol pala, ablandado* y picado

4 cdas. de mantequilla

1 cda. de aceite de oliva

5 cdas. de cebolla cabezona roja finamente picada

2 cditas. de ajo triturado

4 cdas. de tomate sin semillas, cortado en cubitos

2 cdas. de perejil fresco finamente picado

2 cdas. de cilantro fresco finamente picado

3 cdas. de pasta de tomate

Sal y pimienta al gusto

30 g de anillos de calamar, para decorar

20 g de camarón cocido, pelado y desvenado, para decorar

8 almejas en concha salteadas, para decorar

Para las arepitas

1 ½ tazas de masa de maíz preparada

3 tazas de aceite vegetal, para freír

4 huevos de codorniz

½ taza de suero costeño

Preparación

Formar 4 bolitas con la masa y luego moldear arepitas de unos 7 cm de diámetro. Calentar bien el aceite y freírlas hasta que estén doradas. Reservar y dejar enfriar.

Para el relleno: calentar una sartén con el aceite y la mantequilla, y saltear la cebolla con el ajo. Adicionar el tomate, el perejil y el cilantro, y continuar la cocción hasta obtener una salsa. Incorporar luego los mariscos y revolver bien; salpimentar. Agregar la pasta de tomate, dejar cocinar por un par de minutos más y reservar.

Hacer un pequeño corte en el borde de las arepitas e introducir allí el relleno, primero los mariscos y luego los huevitos crudos. Sumergir de nuevo las arepitas en el aceite caliente, cuidando que el lado de la incisión entre en último lugar. Disminuir la temperatura y dejarlas por 2 ó 3 minutos. Escurrirlas sobre papel absorbente.

Aparte, calentar una sartén con el aceite de oliva, y saltear los mariscos para la decoración.

Servir las arepitas calientes, decorar encima con los mariscos y acompañar con suero costeño y ají picante.

Arroz caribeño de mariscos

Plato principal

Francisco Mejía
Hotel Irotama, Santa Marta

Para 4 porciones

Tiempo de preparación: 30 minutos
Método de cocción: salteado y cocido
Calorías por porción: 649

Ingredientes

100 g de caracol copei, ablandado*
   y picado
250 g de pulpo crudo, ablandado*
   y picado

100 g de camarón crudo, pelado
   y desvenado
100 g de anillos de calamar
100 g de muelas de cangrejo
100 g de almeja con su concha
100 g de filete blanco cortado en
   trozos
200 g de cola de langosta partida en
   trozos
1 copa de vino tinto
2 tazas de arroz crudo
6 cdas. de aceite
¼ de taza de cebollín picado
¼ de taza de pimentón rojo y verde
¼ de taza de apio finamente picado
2 cditas. de color en polvo
2 cdas. de alcaparras picadas
½ taza de pasta de tomate

Preparación

Preparar el arroz blanco y dejar
reposar.

Aparte, saltear por separado el caracol, el pulpo, el camarón y el calamar; reservar. Saltear las muelas, la
almeja en concha, el filete y la cola
de langosta; reservar para decorar.

Calentar una sartén con el aceite, y
saltear los vegetales con los condimentos; adicionar los mariscos y
el vino tinto. Continuar la cocción
por otros 5 ó 6 minutos y mezclar
todo con el arroz.

Moldear y servir. Decorar con los productos reservados para este fin.

Acompañar con papas a la francesa.

Caldeirada a pescador

Plato principal

Restaurante Frutos del Mar, Medellín

Para 4 porciones

Tiempo de preparación: 25 minutos
Método de cocción: cocido
Calorías por porción: 788

Ingredientes

250 g de posta de sierra cocida
Sustitutos apropiados: filete de bravo
o dorado
200 g de pulpo ablandado* cocido y
luego troceado

200 g de anillos de calamar cocidos
16 muelas de cangrejo (jaiba, cangreja,
etc.)
24 almejas en su concha
4 colas de langosta de 100 g c/u, cocidas en su concha
320 g de papas cocidas, cortadas en
rodajas
1 litro de fondo de pescado* hecho con
bagre
¼ de taza de vino blanco
2 cditas. de ajo triturado
2 cditas. de orégano deshidratado
4 tajadas de pan francés, tostadas con
ajo
¼ taza de jerez seco
1 ½ cdas. de perejil liso fresco, picado
Sal y pimienta al gusto

Preparación

Calentar el fondo con el vino, el ajo y
la sal; dejar reducir hasta la mitad.
Al final, agregar el orégano.
Disponer en cada plato hondo el pan
tostado, el pescado, la papa, el calamar, el pulpo, las muelas, las almejas y la langosta. Verter encima el
fondo de bagre bien caliente, rociar
con el jerez y salpicar con el perejil.

Boullabaise

Plato principal

Restaurante La Fragata, Bogotá

Para 4 porciones

Tiempo de preparación: 75 minutos
Método de cocción: cocido
Calorías por porción: 306

Ingredientes

125 g de camarón tití, precocido y
   desvenado
125 g de almeja precocida
40 g de recortes de corvina
40 g de recortes de mero
12 langostinos 21/25, pelados y
   desvenados
12 mejillones en ½ concha
12 almejas en su concha
1 ½ litros de fondo de pescado*

½ cda. de perejil picado
Sal al gusto

Para la base

3 cdas. de aceite vegetal
1 cda. de ajo finamente picado
½ taza de puerro
½ taza de cebolla cabezona blanca
½ taza de apio
½ taza de zanahoria
1 cubo de caldo de gallina molido
2 cdas. de harina de trigo
1 copa de vino blanco
1 copa de Pernod o Ricard
1 copa de brandy
8 hebras de azafrán
½ cdita. de color en polvo

Preparación

En una olla, calentar el aceite y saltear
   las verduras. Luego agregar el caldo
de gallina y la harina de trigo, revolver bien y continuar la cocción
hasta que la harina se dore. Agregar la mitad del fondo de pescado
y cocinar durante 10 minutos más.
Dejar reposar y licuar.

Preparación FINAL

En una olla grande, verter las verduras
   licuadas, el resto del fondo, el azafrán
   y el color. Incorporar los pescados y
   mariscos, excluyendo sólo los langostinos. Continuar la cocción durante
   1 hora más. Agregar los licores, los
   langostinos y dejar por otros 10 minutos; agregar sal al gusto.
Servir la *boullabaise* de inmediato.
   Decorar con el langostino y los mejillones, rociar encima con el perejil
   picado. Acompañar con tostadas
   al ajo.

Cazuela de mariscos

Plato principal

Claudia Ruiz / Pacífico Restaurante, Cali

Para 4 porciones

Tiempo de preparación: 25 minutos
Método de cocción: cocido
Calorías por porción: 680

Ingredientes

250 g. de camarón, cualquier talla,
    preferiblemente crudo
250 g de anillos de calamar*
250 g de almeja limpia
250 g de piangua, partida en 4,
    ablandada*
250 g de caracol, ablandado*
    y picado
250 g filete de pescado
1 copa de vino blanco, seco
1 taza de cebolla cabezona blanca,
    finamente picada
1 cdta. de dientes de ajo
1 taza de pimentón, finamente picado
4 tazas de leche de coco
4 tazas de fondo de pescado*
Sal y pimienta

Preparación

En una olla aparte sofreír en un poco
    de aceite la cebolla y el ajo hasta
que empiecen a dorar, añadir el
pimentón, freír hasta que ablanden.
Salpimentar al gusto y agregar los
calamares picados, las almejas y
el pescado. Sofreír durante tres
minutos.
Agregar el fondo de pescado, la leche
    de coco, los camarones y la piangua,
verificar la sazón, añadir el vino y
dejar reducir, no dejar mucho tiempo pueden volverse cauchudos los
camarones. Servir muy caliente en
cazuela de barro.
Esta receta se puede acompañar
    con arroz blanco o con coco y
patacones.

Sopa de pescadores

Plato principal

Isidro Jaramillo

Para 4 porciones

Tiempo de preparación: 35 min
Método de cocción: cocido
Calorías por porción: 540

Ingredientes

300 g (2 ó 3 filetes) de pescados blancos, limpios de espinas
300 g de postas o filetes de pescados azules, limpios de espinas y sin la línea de grasa, si la tuvieren
100 g de langostino pelado y desvenado
50 g de almeja limpia
100 g de almeja en concha
10 hebras de azafrán
3 cdas. de aceite de oliva
1 cda. de ajo triturado
1 taza de cebolla cabezona blanca, cortada en rodajas
½ taza de apio picado
½ taza de pimentón cortado en juliana
6 tomates en conserva, troceados
4 tazas de fondo de pescado*
2 cdas. de cáscara rallada de naranja
1 taza de vino blanco seco
2 hojas enteras de laurel
1 ramita de tomillo fresco
Sal y pimienta al gusto

Preparación

Colocar el azafrán en un recipiente y agregarle 1 taza de agua caliente; reservar.

Calentar un *wok* con el aceite de oliva, y saltear el ajo con la cebolla, el apio y el pimentón. Agregar los tomates y el fondo de pescado frío. Incorporar los pescados y calentar a fuego alto. Cuando llegue al punto de ebullición, agregar la taza de azafrán, la cáscara de naranja, el vino, el laurel, el tomillo y los mariscos; salpimentar. Revolver bien, disminuir el fuego y continuar la cocción por 15 minutos más.

Boullabaise "Capitán Mandy"

Entrada

Armando Basmagui, Isla de San Andrés

Para 4 porciones

Tiempo de preparación: 35 minutos
Método de cocción: cocido
Calorías por porción: 3.908

Ingredientes

4 tazas de caracol pala* picado
2 tazas de pulpo limpio, ablandado* y picado
2 kg de pargo descamado, cortado en mitades
8 colas de langosta talla 4* cortadas longitudinalmente
12 muelas de cangreja
1 ½ lb de langostino crudo, pelado, con cola, desvenado (reservar las cáscaras)
12 muelas blancas limpias
1 kg de calamar T&T*
1 ½ botellas de vino blanco seco, fino
3 cdas. de aceite de oliva
1 ½ tazas de cebolla cabezona blanca finamente picada
1 de taza de pimentón rojo y verde, finamente picado
1 cda. de ajo finamente picado
3 cdas. de mantequilla
4 cdas. de brandy
6 tazas de la primera leche del coco*
2 latas (16 onzas c/u) de pasta de tomate
1 lata (de 6 onzas) de tomate en conserva
4 hojas enteras de laurel
Sal y pimienta al gusto

Preparación

Remojar todos los mariscos con una botella de vino; colar y desechar el vino. Cocinar las cáscaras de los langostinos en un poco de agua, colar y reservar.

Calentar una olla con el aceite de oliva, y saltear la cebolla con el pimentón y el ajo. Agregar la mantequilla y luego el caracol pala y el pulpo. Incorporar el brandy y disminuir el fuego. Agregar 2/3 partes del pargo y las colas de langosta, la pasta de tomate y el tomate en conserva. Verter el vino restante y continuar la cocción por otros 5 minutos, mezclando suavemente de vez en cuando.

Verter la leche de coco caliente y agregar los langostinos, las muelas de cangreja, las carnes blancas, el calamar, el tomillo y el laurel. Añadir el agua de cocción de las cáscaras de los langostinos. Cocinar por 5 minutos más y servir de inmediato.

Rondón

Plato principal

Eneida Brown

Restaurante Eneida, Santa Catalina

Para 4 porciones

Tiempo de preparación: 60 minutos
Método de cocción: cocido
Calorías por porción: 210

Ingredientes

2 lb de filete de pargo
Sustitutos apropiados: filete de mero,
    corvina o róbalo
1 taza de jugo de limón
5 tazas de leche de coco*
½ taza de cebolla cabezona roja corta-
    da en juliana
1 cda. de ajo triturado
1 ½ lb de yuca pelada y partida en
    trozos medianos
1 lb de ñame pelado y partido en tro-
    zos medianos
1 lb de ahuyama pelada y partida en
    trozos medianos

2 plátanos verdes pelados y partidos
    en trozos
1 lb de colita de cerdo en salmuera
    (opcional), cortada en trocitos
2 tazas de filete de caracol ablanda-
    do* y partido en trozos grandes
    (opcional)
3 tazas de albahaca troceada a mano
½ cda. de granos enteros de pimienta
    negra
1 cda. de orégano deshidratado
Sal y pimienta al gusto

Para los dumplings

1 taza de harina de maíz
1 cdita. de polvo para hornear
3 cdas. de leche de coco*

Preparación

Para los dumplings: mezclar la harina
    con el polvo para hornear y la leche
    de coco. Amasar hasta que tenga
    consistencia. Formar bolitas no
    muy pequeñas y reservar.
Condimentar el pescado con el jugo
    de limón, la sal y la pimienta.
Hervir las colitas de cerdo en agua

durante 35 minutos, a fuego lento;
    reservar.
Aparte, colocar un caldero u olla gran-
    de en el fuego, agregar la leche de
    coco, la cebolla y el ajo. Dejar hervir
    por 3 minutos e incorporar la yuca,
    el ñame, la ahuyama y los plátanos.
    Continuar la cocción por otros 15
    minutos y añadir el pescado, el ca-
    racol y las colitas de cerdo. Luego
    agregar la albahaca, el orégano, la
    pimienta en grano y finalmente los
    dumplings.
Para servir se recomienda disponer los
    tubérculos y los *dumplings* en una
    fuente, el pescado y el caracol en
    otra, y el caldo muy caliente en un
    tercer recipiente que se pueda llevar
    a la mesa. Luego cada comensal
    tomará su porción de los ingredien-
    tes anteriores y, por último, verterá
    encima el caldo.
Dicen que el mejor acompañamiento
    para el rondón es la música *reggae*.

Triple

Plato principal

Claudia Ruiz, Pacífico Restaurante, Cali

Para 4 porciones

Tiempo de preparación: 20 minutos
Método de cocción: cocido
Calorías por porción: 1.290

Ingredientes

250 g de camarón de cualquier talla, preferiblemente crudo
250 g de piangua limpia, ablandada*
250 g de toyo ahumado, partido en cubos grandes

Sustituto apropiado: carne de jaiba especial o *claw**
2 cdas. de aceite vegetal
½ taza de cebolla cabezona roja picada
½ taza de pimentón picado
½ taza de tomate, sin semillas y picado
1 cdita. de ajo triturado
2 tazas de leche de coco*
120 g de papa cocida, partida en cubitos
1 cdita. de páprika
3 tazas de arroz blanco cocido
Sal y pimienta al gusto

Preparación

Calentar una olla con el aceite y hacer un refrito con la cebolla, el ajo, el tomate y el pimentón. Luego agregar la páprika y salpimentar al gusto. Añadir la leche del coco, revolver y dividir esta preparación en tres porciones; reservar.

Cocinar los cubitos de papa con la piangua y 1/3 de la salsa reservada. En una cacerola aparte, en otra porción de la salsa calentar los camarones. En una tercera cacerola, hacer lo mismo con el pescado o jaiba.

Servir el arroz blanco en el centro de cada plato, y alrededor los tres mariscos. Acompañar con patacones.

Fondos, salsas y acompañamientos

Fondos de pescado, de camarones o de langosta

Ingredientes

Para fondos de pescado: 2 kg de cabezas y espinazos de cualquier pescado blanco

Para fondos de camarones: 2 kg de cabezas y/o cáscaras de camarones o langostinos

*Para fondos de langosta***:** 2 kg de cabezas o recortes de langosta

1 litro de agua

1 zanahoria cortada en trozos grandes

1 puerro cortado en trozos grandes (sólo parte verde)

1 tallo de apio (sólo parte verde)

1 tomate picado grueso (opcional)

Preparación

Cocinar todos los ingredientes en una olla, a fuego alto. Cuando comience a hervir, disminuir el fuego y continuar la cocción por 1 hora; colar.

Durante todo el proceso debe retirarse la espuma con frecuencia.

Caldo de vegetales

Ingredientes

2 tazas de agua

1 ramita de apio

¼ de taza de cebolla cabezona blanca

1 zanahoria pequeña

1 ramita de perejil fresco

6 granos enteros de pimienta negra

Preparación

Partir todos los ingredientes en trozos gruesos y cocinarlos en una olla con agua fría, hasta que el líquido se reduzca a la mitad; colar.

Patacones fritos

Preparación

Pelar y cortar el plátano en trozos de 5 cm y freírlos ligeramente en abundante aceite caliente. Retirar y "pisarlos" con una pataconera, hasta que estén muy delgados. Luego introducirlos nuevamente en el aceite bien caliente, para que queden crujientes.

Ensalada de aguacate

Ingredientes

2 aguacates grandes cortados en cubos
5 tomates sin semillas, cortados en cubos
1 lata de granos de maíz dulce
¼ de taza de cebollín finamente picado
¼ de taza de cilantro fresco finamente picado
4 cditas. de comino en polvo
2 cdas. de pimienta de Cayena
½ lb de queso campesino rallado
¼ de taza de aceite de oliva
¼ de taza de jugo de limón
1 cda. de azúcar refinada
Sal y pimienta al gusto

Preparación

Mezclar todos los ingredientes en una ensaladera; salpimentar.

Mantequilla clarificada

Este procedimiento permite retirar las impurezas de la mantequilla.
Derretir la mantequilla en una cacerola a fuego muy bajo, descartando frecuentemente la espuma que se va formando, con la ayuda de un espumador o una cuchara.

Condimentos crêole

Ingredientes

1 cda. de páprika
1 cdita. de sal
1 cdita. de cebolla en polvo
1 cdita. de ajo en polvo
½ cdita. de pimienta blanca molida
½ cdita. de pimienta negra recién molida
½ cdita. de pimienta de Cayena
1 ½ cditas. de tomillo en polvo
1 ½ cditas. de orégano deshidratado desmenuzado

Preparación

Mezclar bien todos los ingredientes.

Salsa *Béchamel*

Ingredientes

¼ de litro de leche fría
2 cdas. de harina de trigo
1 cda. de mantequilla

Preparación

En una sartén colocar la leche y la harina; revolver hasta obtener una masa sin grumos; salpimentar. Incorporar la mantequilla. Cocinar la preparación sin dejar de revolver con cuchara de madera. Disminuir el fuego y continuar la cocción hasta que la salsa se separe del fondo de la sartén.

Leche de coco

Preparación

Abrir el coco. Para la extracción manual de la leche, rallar los trozos por el canto. Agregar al coco rallado 2 tazas de agua y exprimir la pulpa; el resultado es la primera leche. Si se desea más concentrada, agregar al coco rallado menos agua, y viceversa, si se desea menos concentrada agregarle más agua.
También se pueden licuar los trozos de pulpa con el agua, y por último, colar.

Papas en mantequilla de limón

Preparación

Cortar las papas en fósforo y freírlas en aceite bien caliente. Luego retirar y escurrirlas sobre papel absorbente. Calentar 4 cdas. de mantequilla con 1 cda. de jugo de limón. Revolver y mezclar con las papas.

Alioli

Preparación

En un mortero, triturar bien algunos dientes de ajo. Luego agregar aceite de oliva en un hilo fino, revolviendo al mismo tiempo, y siempre en la misma dirección. Suspender cuando se obtenga la cantidad de salsa deseada.

El atún

El atún es un pez altamente migratorio y por esta razón se conoce también como "el pez sin patria". Su nombre se aplica a diversos tipos de peces. Los considerados verdaderos atunes pertenecen al género *Thunnus*, como el aleta azul *(Thunnus thynnus)*, el aleta amarilla *(Thunnus albacares)* y la albacora *(Thunnus alalunga).* Hay otras especies similares, como el barrilete y el bonito, que por su semejanza morfológica se consideran en las mismas estadísticas de captura. Igualmente ocurre con las macarelas, entre ellas las sierras.

Los atunes son grandes nadadores y pueden alcanzar 70 km/ hora. Cuentan con un cuerpo fusiforme, cabeza en forma de pirámide triangular y una boca pequeña. Su piel está lubricada con un "mucus" que reduce la fricción del agua. Para mantenerse a flote deben moverse constantemente, debido a que su cuerpo es muy pesado y su vejiga natatoria muy pequeña

Desde la antigüedad el atún fue muy apreciado en todo el Mediterráneo. Aristóteles cuenta que los fenicios lo capturaban a cuatro días afuera de las columnas de Hércules, y lo llevaban a Cartago, donde lo apreciaban como una exquisitez, lo preservaban y exportaban a todo el Mediterráneo.

Las capturas de atún en el ámbito mundial sobrepasan los 3 millones de toneladas anuales, de las cuales aproximadamente 2 millones se capturan en el océano Pacífico. Las especies más importantes son, en su orden, el barrilete con el 49%, el aleta amarilla con el 33%, el patudo o bigeye con el 10%, el albacora con el 6% y el aleta azul o *bluefin*, con el 2%.

Industria conservera en Colombia

En Colombia el atún se captura en el océano Pacífico, y la flota consta de unos 100 barcos, principalmente venezolanos, comunitarios (España) y ecuatorianos, afiliados a empresas colombianas.

Un barco tiene una capacidad de almacenamiento de unas 1.000 toneladas, y una faena de pesca puede durar entre 90 y 120 días. En Colombia hay una capacidad instalada de procesamiento de 500 t/día.

Las especies que se enlatan son el aleta amarilla, 75%, el barrilete, 15%, y el patudo o bigeye, 10%. El atún en conserva cuenta con una altísima aceptación, especialmente por su alto valor proteínico, su excelente sabor y su ductilidad para ser empleado como ingrediente de otros platos.

En las salas de proceso el producto se descongela, se eviscera, se cocina, se enfría y se le extraen los lomos. Luego sigue el llenado de la lata, la dosificación del líquido de cobertura, el sellado hermético de doble cierre, la esterilización y el enfriamiento. Por último la etapa de empaque, que consta del etiquetado, el encartonado, el embalaje y el almacenamiento del producto terminado hasta su despacho a los sitios de venta.

Montaditos de lomitos de atún y pimentón asado

Entrada
Elicio Medina

Para 4 porciones

Tiempo de preparación: 25 minutos
Método de cocción: horno
Calorías por porción: 266

Ingredientes

1 lata de lomito de atún en agua
1 pan *baguette* cortado en tajadas de
    1 cm
2 pimentones rojos
1 diente entero de ajo
2 cdas. de aceite de oliva
½ cdita. de pimienta negra recién
    molida
2 cdas. de perejil

Preparación

Tostar las tajadas de pan. Asar los pimientos en el horno precalentado a 200°C durante unos 15 minutos, retirar la piel y cortarlos en tiras. Frotar las tostadas de pan con el diente de ajo y colocarles encima las tiras de pimentón y los lomitos de atún. Rociar con el aceite de oliva, decorar con el perejil y salpicar con la pimienta.

Rollitos primavera con atún y espinaca tierna

Plato principal

Elicio Medina

Para 4 porciones

Tiempo de preparación: 10 minutos
Método de cocción: no lleva

Calorías por porción: 363

Ingredientes

2 latas de lomitos de atún en agua
4 unidades de papel de arroz
2 tazas de espinaca cortada en tiras finas
1 taza de pepino cohombro cortado en juliana gruesa
1 taza de mango verde cortado en tiras
½ taza de tomate, sin semillas, cortado en tiras gruesas
1 cda. de cilantro fresco picado
1 cda. de semillas de ajonjolí, tostadas
½ taza de salsa de soya *light*

Preparación

Hidratar el papel de arroz en agua tibia por 2 minutos. Retirar del agua y cubrir cada uno con las espinacas, el pepino, el mango, el tomate, el atún y el cilantro. Cerrar, enrollar y rociar con un poco de salsa de soya; salpicar con las semillas de ajonjolí.

Ensalada de atún y vegetales frescos

Entrada

Elicio Medina

Para 4 porciones

Tiempo de preparación: 15 minutos
Método de cocción: cocido
Calorías por porción: 434

Ingredientes

1 lata de atún en aceite
1 cda. de cebollín picado
1 taza de habichuelín despuntado y
   cocido
3/4 de taza de tomate cherry, partido
   en cuartos
1 taza de papa *riche* cocidas y cortadas
   en mitades
½ taza de pepino cohombro, pelado y
   cortado en tiras

1 taza de lechugas mixtas, troceadas
   a mano
½ taza de mayonesa
1 cdita. de páprika
Sal y pimienta al gusto

Preparación

Mezclar los tomates con los habichuelines, las papas, el pepino, el atún, la
mayonesa y la páprika.

Para servir, disponer primero las lechugas y encima los ingredientes
restantes; salpimentar.

Tempura de lomitos de atún con mayonesa de cilantro

Plato principal

Elicio Medina

Para 4 porciones

Tiempo de preparación: 15 minutos
Método de cocción: cocido y frito
Calorías por porción: 916

Ingredientes

2 latas de lomitos de atún en agua
½ taza de cebolla cabezona blanca, cortada en trozos grandes
¾ de taza de pimentón rojo cortado en trozos grandes
½ taza de espárragos verdes
½ taza de zanahoria cortada en medias rodajas
2 tazas de lechugas asiáticas, troceadas a mano
¾ de taza de mayonesa
1 cda. de cilantro fresco picado
Aceite, cantidad suficiente para freír

Para la masa de tempura

¼ de litro de agua fría
¾ de taza de harina de trigo
2 cdas. de fécula de maíz

Preparación

Para la masa de tempura: mezclar suavemente el agua con la harina y la fécula; dejar reposar por 10 minutos.

Aparte, mezclar la mayonesa con el cilantro y reservar.

Sumergir los vegetales y los lomitos de atún en la masa de tempura, y de inmediato freír en el aceite bien caliente. Retirar, escurrir sobre papel absorbente.

Servir acompañados con la mayonesa.

Wrap de atún en emulsión de aguacate

Plato principal

Elicio Medina

Para 4 porciones

Tiempo de preparación: 35 minutos
Método de cocción: horno
Calorías por porción: 786

Ingredientes

2 latas de atún en aceite
2 cebollas cabezonas blancas enteras, medianas
2 berenjenas enteras
2 calabacines verdes enteros
2 pimentones rojos enteros
1 aguacate, partido por la mitad y sin semilla
4 cdas. de aceite de oliva
¼ de taza de hojas de albahaca
4 panes árabe – servilleta

Preparación

Hornear los vegetales en horno pre-calentado a 200°C: la cebolla por 25 minutos, y las berenjenas, el pimentón y el calabacín durante 15 minutos. Luego cortarlos en tiras gruesas y mezclarlos con 2 cdas. de aceite; reservar. Con la ayuda de un procesador, hacer un puré con el aguacate, adicionar el resto de aceite y reservar.

Extender el pan, colocarle ¾ partes de la emulsión de aguacate, doblarlos por la mitad y rellenar con los vegetales y el atún. Cerrar, formar un rollo y acompañar con el resto de la emulsión.

Focaccia de atún, aceitunas y vegetales

Plato principal

Elicio Medina

Para 4 porciones

Tiempo de preparación: 20 minutos
Método de cocción: horno y salteado
Calorías por porción: 555

Ingredientes

2 latas de atún en aceite
1 taza de pimentón rojo, cortado en tiras finas
4 *focaccias*
½ taza de cebolla cabezona roja, cortada en tiras
4 cdas. de aceitunas verdes y negras, deshuesadas, cortadas en rodajas
1 cdita. de orégano deshidratado
3 cdas. de tomate seco
½ taza de tomate cherry, cortado en rodajas
5 cdas. de aceite de oliva

Preparación

Calentar la *focaccia* en el horno. Saltear los vegetales en 3 cdas. de aceite, retirar y disponerlos inmediatamente sobre la *focaccia* tibia. Incorporar el atún, el orégano y el tomate fresco. Rociar con el de aceite de oliva restante.

Bibliografía

* ÁLVAREZ, R. 1993
"Ecosistemas de manglar de Colombia", pp. 50-68 en: LACERDA, L. D. (ed.) Proyecto conservación y aprovechamiento sostenible de bosques de manglar en las regiones de América Latina y África, ISME/ITTO, Yokohama, 256 p.

* APRILE-GNISET, J. 1993
Poblamiento, hábitats y pueblos del Pacífico. Universidad del Valle, Cali, 158 p.

* CERVIGON, F. 1966
Los peces marinos de Venezuela. 2 tomos. Caracas, 951 p.

* CHARLIE TROTTER 1999
Seafood handbook. Diversified Bussiness Communications. Portland, Maine, 169 p.

* CORPES 1993
Costa Atlántica. Mapa cultural del Caribe colombiano. Tercer Mundo, Santa Marta. 275 p.

* DAHL, G. 1971
Los peces del norte de Colombia. Inderena. Bogotá. 391 p.

* DÍAZ MERLANO J.M. Y PUYANA HEGEDUS, MÓNICA 1994
Moluscos del Caribe colombiano. Un catálogo ilustrado. Colciencias, Fundación Natura, Invemar. Bogotá, 291 p.

* INCODER
Información suministrada por las regionales de Tumaco, Guapi, Buenaventura y Bahía Solano.

* JARAMILLO, I. 1999
Pescados y mariscos: del mar a la mesa. Panamericana, Bogotá, 174 p.

* JARAMILLO, I. 1999
El gran libro del salmón. Ediciones Gourmet Marino, Bogotá, 136 p.

* OLARTE-REYES, O. 1995
Prisioneros del ritmo del mar, Impresora Feriva, Cali, 82 p.

* MCCLANE, A.J.; ARIE DE ZANGER 1977
The encyclopedia of fish cookery. Nueva York: Holt, Riinehart & Winston, 511 p

* MORA, E. 1990
"Catálogo de bivalvos marinos del Ecuador". *Boletín científico y técnico.* Instituto Nacional de Pesca. Volumen X, nº 1. Guayaquil, 136 p.

* PERCIVAL, A. 1985
Providencia, las actividades colonizadoras de los puritanos ingleses. Banco de la República, Bogotá, 289 p.

* REICHEL-DOLMATOFF, G. 1986
Arqueología de Colombia, un texto introductorio. Fundación Segunda Expedición Botánica, Bogotá.

* SÁNCHEZ, H.; ÁLVAREZ, R. 1997
Diagnóstico y zonificación preliminar de los manglares del Caribe de Colombia. Ministerio del Medio Ambiente. Bogotá, 492 p.

* REVETEZ, R. 1997
"San Andrés y Providencia. Gastronomía isleña". *Our Traditional Food.* Bogotá, 92 p.

* PETERSON WALVIN G.
Comunicación personal. Miembro de la Academia Colombiana de Historia y autor de la obra *The Province de Providencia.*

* www. upeace. org/cyc/pdf/Final_Providencia. pdf

* www. colombialink. com